山东大学（威海）主办
山东大学东北亚学院承办

主　　　编：张蕴岭
编辑部主任：崔明旭
编　　务：刘　欣

**编委（按姓氏音序排列）**

毕颖达　董向荣　方浩范　黄大慧　刘　文　罗　洁　李　文
苗　威　牛林杰　邵滨鸿　时殷弘　杨鲁慧　佟家栋　郑　羽
张景全　张慧智　赵玉璞　张蕴岭

**编辑部联系方式：**

地　　　址：山东省威海市文化西路180号山东大学东北亚学院
邮　　　编：264209
投稿邮箱：dongyapinglun@163.com
电　　　话：0631-5680812

（总字第29辑）

山东大学（威海）主办

山东大学东北亚学院承办

# 东亚评论

2018年　第2辑

张蕴岭◎主编

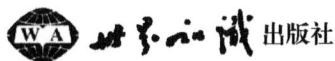

图书在版编目（CIP）数据

东亚评论.2018年.第2辑/张蕴岭主编.—北京：世界知识出版社，2018.12
ISBN 978-7-5012-5923-6

Ⅰ.①东… Ⅱ.①张… Ⅲ.①政治—东亚—丛刊 Ⅳ.①D731-55

中国版本图书馆CIP数据核字（2018）第293698号

| | |
|---|---|
| 责任编辑 | 刘豫徽 |
| 特邀编辑 | 敦 敏 |
| 责任出版 | 王勇刚 |
| 责任校对 | 陈可望 |
| 书　　名 | 东亚评论（2018年第2辑）<br>Dongya Pinglun（2018nian Di2ji） |
| 主　　编 | 张蕴岭 |
| 出版发行 | 世界知识出版社 |
| 地址邮编 | 北京市东城区干面胡同51号（100010） |
| 经　　销 | 新华书店 |
| 网　　址 | www.ishizhi.cn |
| 投稿信箱 | lyhbbi@163.com |
| 印　　刷 | 北京虎彩文化传播有限公司 |
| 开本印张 | 787毫米×1092毫米　1/16　13⅞印张 |
| 字　　数 | 174千字 |
| 版次印次 | 2018年12月第一版　2018年12月第一次印刷 |
| 标准书号 | ISBN 978-7-5012-5923-6 |
| 定　　价 | 46.00元 |

版权所有　侵权必究

# 目录

## 主编笔记

百年大变局再思考　　　　　　　张蕴岭 / 1

## 国际政治

构建人类命运共同体思想的时代意义

李　文 / 6

## 国际关系

俄罗斯"转向东方"的历史探析　　展妍男 / 20
文在寅政府的对外政策：
　机遇与挑战　　　　　　　　　张慧智 / 40
关于东北亚和平与发展机制的构建　赵宏伟 / 54
加强中朝韩合作实现半岛和平构建的新思考
[韩] 郑载兴 / 62

## 经济与合作

东北亚区域自由贸易区建设的进展与挑战

陈志恒 / 71

"一带一路"与蒙中俄经济合作

[蒙] 那·图木尔 / 86

东北亚服务贸易开放度分析　韩磊　王小梅 / 98

## 思想与社会

中日韩农村老龄化应对模式比较：

 基于农村建设的视角     崔桂莲 / 137

## 历史与文化

中华历史文化价值中的"天下共同体"

            张启雄 / 151

新罗的起源与民族构成    高福顺 / 165

## 语言与文学

朝鲜文学中的李如松形象考

 ——以《惩毖录》为中心   韩　梅 / 185

从 Esperanto 到世界语：

 东亚的世界语运动     李冬梅 / 202

## 主编笔记

# 百年大变局再思考

*张蕴岭\**

百年大变局，涉及方方面面，其中，最令人关注的还是格局之变、发展之变和安全之变。格局之变，主要是指世界力量对比、秩序基础的变化与转变，以及与此相关联的国际关系、发展方式与安全体系的调整。新格局需要新规则、新结构与新体系，而它们的落定需要很长的时间。为此，称其为百年大变局并不过分。

变化是一个过程，当前，我们处在变局的初始阶段，因此，对于未来，有人认为是"没有答案的世界"。任何变化都会有结果，"没有答案"只是指难以看清，或者说难以给出定论，并非没有指望或者无能为力。当然，作为变化的过程，一则，新事物皆在进程之中生成；二则，破旧立新的进程充满风险。

对当前力量与秩序变局的特征，我们可以归结为两个"后"：一是后冷战，即冷战结束后的国际关系与格局调整，尽管冷战结束已近30年，调整还在进行；二是后霸权，即美国的超级霸权在削弱，逐步走向终结。冷战后美国一家独大，如今美国的独霸已难以维持，世界格局向后霸权转变。令人关注的是，未来的世界格局到底如何形成？又到底会变成怎样？

---

\* 张蕴岭，中国社会科学院学部委员，山东大学特聘一级教授。

二战后，国际体系取得了巨大的进步，虽然经历了冷战，但毕竟没有发生新的世界大战。但是，现代国际关系的特征基本仍然是对抗性关系，即以他者的牺牲聚成自身的成就。这种对抗关系是零和博弈，是非包容性的。冷战结束以后，美国专家曾断言，世界会走向一个西方一统天下的世界，但事实证明，西方体制无法包容这么复杂多样的世界。如今，尽管还是美国一家独大，但力量的相对衰落趋势难转，美国独霸世界已是力不从心。有人担心，没有了霸权国家，世界会陷入19世纪群雄争斗的混乱状态；也有人担心，作为世界第一、第二的美中两个大国会陷入"修昔底德陷阱"，即发生大的冲突与对抗。美国总统特朗普发起了主要针对中国的"贸易战"和实施对中国的多方面遏制。"让美国再次强大"成为执政者的口号，也可以变为美国打压后起者的战略布局。面对这样的局面，有人认为中美陷入了"新冷战"。

"新冷战"的前提是至少需要两家对抗。尽管中国提出了实现民族复兴的宏伟目标，立志要进入世界舞台的中央，而美国的主要战略目标之一就是维护其全球统治地位，看起来，两个大国似乎要势不两立。然而，中国并不想以排斥美国为目标争夺霸权。中国誓言始终不渝地走和平发展道路，提出基于和平发展与合作共赢的"人类命运共同体"建设，这当然也包括美国在内。"一个巴掌拍不响"，中国不与美国对抗，也许，世界会出现奇迹，改变新兴大国崛起必战、必霸的"历史铁律"，走向不冲突、不对抗的新文明。

如何实现这样的梦想呢？当然不能只靠中国，要靠大家志同道合，齐心协力，来创造世界新的文明、新的未来、新的秩序。美国会一意孤行，坚持霸权逻辑和行为吗？依笔者来看也难。如今，不是美国供养世界，而是世界供养美国。尽管美国的力量还很强，影响还很大，但指挥棒不那么灵了，没有几个国家会跟着它构建新的对抗集团，与中国作对。

对于中国，首要的是继续维护和平发展的环境，自己还需要深化改革开放，把自己的事情真正办好。对于如何与美国相处，中国提出不冲突、不对抗的新型大国关系。尽管美国不愿接受，有时还咄咄逼人，但是，与中国全面对抗也不是可以得到广泛支持的选择。笔者曾提出，处理与美国的关系，"要打太极拳，不要搞拳击"，"该斗则斗，该谈则谈，斗而不破，谈而不厌"，目的在于要把握好整个进程的大方向。中国倡导与推动人类命运共同体建设，当然也包括美国，引导两国相向而行。

关于发展之变，可以说，世界处在一个新的发展时期。我们可以把大趋势归结为两个"新"：一是新技术革命发展。新技术革命以智能化为核心，全面提升信息技术、基因技术、通信技术、空间技术，不仅推动生产方式的变革，也会推动生活方式的变革。新一轮技术革命是超领域、超国家、超地缘的，具有综合性、立体性、空间性、全球性的特征；二是新兴国家为引领的发展。新兴国家不是几个，而是很多，形成发展中国家的"群体性崛起"。"群体性崛起"带来两个重要变化：其一是改变世界经济和权势结构，拉动未来世界经济总量增长的力量主要来自发展中国家；其二是这些国家成为推动世界市场开放，构建国际新经济链的主要力量，发展中国家对于推动国际关系与国际秩序改革的诉求与努力也会增强，是推动未来国际关系与国际体系调整重构的重要力量。

其实，发展之变，最重要的是"发展范式"之变。所谓发展范式，是指源自发达国家的工业化创造的一套模式。二战以后，绝大多数国家基于开放的世界市场加入了追赶进程，模仿和借鉴西方工业化模式，形成了雷同的群体追赶。结果导致了越来越多的问题，在环境、资源、财富等方面积重难返，在诸多方面甚至超出了地球承载的极限，如出现了气候危机、资源危机，等等，再继续下去，难以为继，必须创新方式，另谋出路。为此，世界进入一个以新发展观为引领的新发展时期。这种转变很艰难，也会生成很多矛盾，但是，除了改变，别无他选。

关于安全之变，主要是指有关安全与安全观的认识与定位出现大的转变。从安全的性质来分，可以分为传统安全和非传统安全。从国家的角度来看，传统安全原本是主要的，主要体现在国家受到的军事威胁，个人的安全主要依附在国家安全之内。如今，非传统安全也成为国家安全的重要因素。

所谓非传统安全，主要指军事之外的安全威胁，涉及领域广，既有国家之间的，也有国家内部的，还有跨国的。鉴于非传统安全问题越来越突出，它被划入与传统安全并列的综合安全范畴。由此，安全的概念、战略与政策设定发生变化，产生了"综合安全观"，把传统与非传统、内部与外部安全作为一个整体来认识。

转变让我们处在一个不确定、不安全的时代。二战以后，一个基本的认定是"大国无战争"，如今，人们担心，在大转变期，大国战争是否可以避免。有人认为，大国"接近发生大战"，核扩散难以控制，发生核战的风险存在，一旦发生则是灾难性的。由于自动化+人工智能技术的发展，战争的性质和方式发生变化，人们呼吁禁止智能技术用于武器开发与战争。

事实上，在新安全观的认知与定位中，非传统安全的重要性大大提升。非传统安全涉及越来越多的领域，经济、政治、社会、思想、文化，国内、国际、国别、全球，且基于多种原因，变化迅速，形式多样，防不胜防。气候变化是处在生存顶端的非传统安全威胁，尽管有了《巴黎协定》，但由于其落实涉及各国直接利益，存在攀比与侥幸心理，落实力度不够。特别是特朗普政府宣布退出《巴黎协定》，产生了恶劣的影响，造成了严重后果。信息安全也变得越来越重要，由于人类活动的信息化、网络化，使得信息安全居于国家和个人关注的中心，无论在国家层面，还是公司与个人层面，信息安全都成为重点。

还有，在安全大变化中，公共安全，即社会安全与人的安全问题凸显，受到多领域、多渠道安全问题的威胁。人的安全问题凸显，受到越来越多不安全因素的影响与挑战，对人的安全关注，从人权保障扩展到生存保障。由于人的跨国性活动增加，影响人安全的因素拓展到国外，随着国民跨国活动范围进一步扩大，保障责任与职能也跨国化。在公共安全威胁中，恐怖、极端势力影响巨大，出于多种原因，极端势力以多种形式快速发展，他们的目标不同，方式多样，且利用互联网拓展其跨国活动网络，策划与协调行动，危及社会与公众安全。基于诸多原因，社会变得"脆弱"，社会群体事件易发，在多种因素的作用下，可能会促成大规模社会动荡。

合作安全与共同安全观是安全领域的重要发展。在一个利益交织、相互依赖的世界，安全的共同性特征凸显，只有合作才可以更好地维护安全。传统的共同安全是依赖结盟共同对付敌人，新安全观则强调协商、合作、结伙（伙伴）而不结盟。中国是新安全观的积极倡导者，是构建伙伴关系最多的国家。非传统安全更需要安全合作，合作的形式多样，功能性安全合作是主要的形式。传统的安全维护主角是国家，新形势下安全维护的承担者多样，社会（民间）承担越来越多的和日益重要的职能。社会安全机制的制度化、专业化与网络化。

东北亚地区处在世界大变局的中心。这里的力量格局之变、发展之变和安全之变，不仅影响到该地区，也对世界产生重要的影响。东北亚走出历史的阴影，摆脱对抗的架构，创新发展方式，面临着历史的机遇，应该抓住这个机遇，有所作为，为自己，也为世界。

国际政治

# 构建人类命运共同体思想的时代意义

李 文\*

**摘 要** 近几年来,中华人民共和国主席习近平在国内外重要场合多次阐述构建人类命运共同体的重要思想。中国所主张构建的人类命运共同体,是由不同国家、不同民族组成的命运攸关、利益相连、相互依存的集合体。习近平同志着眼于世界各国相互联系、全球命运休戚与共的发展大势,顺应和平、发展、合作、共赢的时代潮流,高瞻远瞩地提出构建人类命运共同体的重要思想,为促进世界和平与发展、解决人类社会共同面临的问题贡献了中国智慧和中国方案。

**关键词** 习近平 新型国际关系 人类命运共同体

2011年《中国的和平发展》白皮书指出:经济全球化成为影响国际关系的重要趋势。不同制度、不同类型、不同发展阶段的国家相互依存、利益交融,形成"你中有我、我中有你"的命运共同体。[①] 这是中国首次提出"命运共同体"的概念。2012年,中共第十八次全国代表大会报告

---

\* 李文,中国社会科学院美国研究所研究员。
① 《中国的和平发展》白皮书(全文),国务院新闻办公室网站,2011年9月6日,http://www.gov.cn/jrzg/2011-09/06/content_1941204.htm。

向世界郑重宣告：合作共赢，就是要倡导人类命运共同体意识，在追求本国利益时兼顾他国合理关切，在谋求本国发展中促进各国共同发展，建立更加平等均衡的新型全球发展伙伴关系，同舟共济，权责共担，增进人类共同利益。① 这是中国政府正式提出"人类命运共同体意识"。2013年3月，习近平主席在莫斯科国际关系学院发表演讲："这个世界，各国相互联系、相互依存的程度空前加深，人类生活在同一个地球村里，生活在历史和现实交汇的同一个时空里，越来越成为你中有我、我中有你的命运共同体。"② 这是中国第一次向世界传递对人类文明走向的中国判断。此后，习近平主席在国际国内重要场合100多次论及人类命运共同体，对构建人类命运共同体的时代背景、重大意义、丰富内涵和实现路径等重大问题作出系统、全面和深刻的阐述。

## 一、深刻揭示国际关系发展的特征和规律

当今世界正处在大发展、大变革、大调整时期，和平与发展仍然是时代主题，同时世界也存在诸多不稳定性和不确定性。在这样的大背景下，习近平主席科学把握当今世界发展的总体趋势，深刻揭示当今国际关系发展的特征和规律，提出构建人类命运共同体的重要思想，推动建设相互尊重、公平正义、合作共赢的新型国际关系，为各国抓住机遇共同发展、为解决世界向何处去等问题提供了全新选择。

"过去500多年来，无论是殖民主义、帝国主义还是霸权主义，都带

---

① 《坚定不移走中国特色社会主义道路 夺取中国特色社会主义新胜利》，新华社北京2012年11月8日电。

② 《国家主席习近平在莫斯科国际关系学院的演讲（全文）》，新华网莫斯科2013年3月23日电。

来对立与分裂，制造动荡与冲突，人类社会为此付出沉重代价。"① 殖民时代，在主张生存竞争、弱肉强食的社会达尔文主义指引下，许多国家认定只有通过武力和战争才能确立自己在国际体系中的地位，若想成为世界强国，必须挑战守成大国，颠覆已有国际体系。第一次世界大战是西方列强"为了瓜分世界，为了瓜分和充分瓜分殖民地"而展开的殊死较量，而德、意、日三国为重新划分世界势力范围，不惜发动了第二次世界大战。② 冷战时期，国际关系的对立、对抗色彩依旧十分浓厚。二战后，西欧各国普遍衰落，唯美国马首是瞻，美国成为资本主义世界头号强国，而苏联则成为唯一能与美国抗衡的政治军事大国。冷战期间的美苏关系一如 1948 年摩根索所言："两个巨人警惕而又怀疑地相互对视……进而遏制或被遏制、征服或被征服、摧毁或被摧毁就成了新外交的标准用语。"③ 卫星国背叛、同盟破裂以及大国复兴和重新崛起凡此种种则使这一时期的大国关系充满变数。④

冷战结束后，伴随世界多极化、经济全球化、文化多样化、社会信息化进程的加速，"人类交往的世界性比过去任何时候都更深入、更广泛，各国相互联系和彼此依存比过去任何时候都更频繁、更紧密"。⑤ 随

---

① 王毅：《构建以合作共赢为核心的新型国际关系——对"21世纪国际关系向何处去"的中国答案》，《学习时报》2016 年 6 月 20 日，第 1 版。

② 李文：《稳定性体系下的新型大国关系》，《毛泽东邓小平理论研究》2012 年第 10 期，第 90 页。

③ ［美］约翰·刘易斯·加迪斯：《长和平：冷战史考察》（潘亚玲译），上海：上海世纪出版集团 2011 年版，第 293—294 页。

④ 从 1945 年以后的 40 多年里，以苏联为首的东方阵营和以美国为首的西方阵营都有一些卫星国或小伙伴背叛，苏联方面是阿尔巴尼亚、南斯拉夫、匈牙利、波兰、捷克斯洛伐克、罗马尼亚、埃及等，美国方面有古巴、法国、委内瑞拉、伊朗、尼加拉瓜等。这些卫星国或小伙伴要么加入了对方的集团，要么游离于东西方之间。这些小国的离异，虽然没有撼动苏联或美国的世界地位，也没有影响冷战的整个格局，但却表明了结盟本身的脆弱性。

⑤ 《纪念马克思诞辰 200 周年大会举行 习近平发表重要讲话》，新华网 2018 年 5 月 4 日电。

之而来的，是世界格局发生新的调整和变革，国际关系的性质开始发生根本性变化。

国际秩序的决定性因素不再是以对立和对抗为出发点的权力对抗或权力制衡，而是以和平发展为出发点的合作与共赢。随着经济全球化的深入发展，世界各国的利益和命运更加紧密地联系在一起，形成了你中有我、我中有你的利益共同体。很多全球性问题与挑战需要各国通力合作来应对，地球村不再是你死我活、我赢你输的角斗场，而是日渐成为所有国家风雨同舟的命运共同体。不同国家之间，尤其是新兴大国与传统大国之间的利益冲突不断减少，合作空间日益拓展。以金砖国家为代表的新兴大国积极参与国际分工，通过与世界各国全面深入地开展互利合作实现自身发展，与传统大国并肩成为现有国际体系的重要参与者、支持者和贡献者。"世界上主要国家充分认识到避免冲突和对抗，走相互尊重、合作共赢之路的必要性和重要性，人类社会规避大规模相互杀戮风险的能力显著提升。"① 一大批新兴市场国家和发展中国家走上发展快车道，多个发展中心在世界各地区逐渐形成，国际力量对比继续朝着有利于世界和平与发展的方向发展。国家间你输我赢、你兴我衰的零和博弈开始转变为主要依靠制度规则来协调相互关系，合作共赢成为许多国家认可的处理相互关系的准则。

合作、和谐取代冲突、对抗成为国际关系的主要方面，和平发展成为大国更替的主要方式。在殖民时代，国家关系中的利益纷争往往只能通过赤裸裸的军事竞争和武装冲突来解决，建立在强大军事实力基础上的零和博弈是国际关系的本质特征。这些成为促使大国需要走武力征服、殖民扩张的道路主要因素，大国更替也经常导致大规模战争的爆发。世

---

① 李文：《描绘世界共同发展新图景——深入学习习近平同志关于构建新型国际关系的重要论述》，《人民日报》2015年5月26日，第7版。

界列强为巩固自身权力基础、争夺瓜分殖民地大打出手；守成大国是国际规则的主要建立者，是既有国际体系的主导方；崛起大国则试图挑战和颠覆守成大国的地位和已有国际规则与国际体系。16世纪葡萄牙、西班牙与荷兰在探索"新世界"过程中的纷争；17世纪荷兰、英国、法国间绵延不绝的冲突；18—19世纪欧洲列强的大规模战争和20世纪爆发的两次世界大战都是这种零和博弈的具体表现。

冷战时期，美苏两个"超级大国"并立，拥有可以毁灭对方的核武器，代表着两种彼此对立的意识形态，领导着两个国际联盟或者说"阵营"，并在第三世界中划分了各自的势力范围。① 两大集团在政治、经济、军事、外交、意识形态、文化乃至科学技术等一切方面相互对峙和敌对，并展开激烈的军备竞赛。最终，苏联被拖垮，世界格局在短时期内由两极变成一极。② 冷战结束至今，美国一直在扮演世界领导者的角色，但其霸权地位日渐衰落。新兴大国群体性崛起，破天荒地没有沿袭西方列强殖民扩展和武力征服的途径，而是主要通过和平发展的方式得以完成。作为新兴大国的代表，中国坚持走和平发展道路，习近平主席指出："中国过去是、现在是、将来也必将是世界和平的维护者、共同发展的促进者、国际合作的推动者。"③ 中国通过和平发展完成从站起来、富起来到强起来的历史飞跃，表明在人类社会的发展史上，世界权力大规模转移

---

① 《推荐序二》，载[美]保罗·肯尼迪：《大国的兴衰》（陈景彪等译），北京：国际文化出版公司2006年版，第9页。

② 布热津斯基指出：冷战后美国在全球力量具有四个决定性作用的方面居于首屈一指的地位，在军事方面拥有无可匹敌的能力，在经济方面是全球经济增长的主要拉动力量，在技术方面，在开创性的尖端领域保持着全面领先地位，在文化方面，具有其他国家都望尘莫及的政治影响。"这四个方面加在一起，使美国成为一个唯一的全面的全球性超级大国。"[美]布热津斯基：《大棋局——美国的首要地位及其地缘战略》（中国国际问题研究所译），上海：上海人民出版社1998年版，第32—33页。

③ 《习近平：中国不会成为"世界警察"》，中国日报网，2015年10月19日，http：//www.xinhuanet.com/world/2015-10/19/c_128335446.htm。

第一次出现了以和平而非战争方式完成的可能性。

国际力量的天平开始朝有利于和平发展的方向倾斜。新兴大国和发展中国家经济持续增长，为世界经济发展注入新的强劲动力，使国际力量对比朝着有利于和平与发展的方向发生变化。不同制度、不同类型、不同发展阶段国家的相互依赖和利益交融明显加深，世界上越来越多的国家加入国际大家庭之中，认同国际秩序、尊重国际机制、遵守国际规则、追求国际正义，推动国际秩序朝着更加公正合理的方向发展。不同社会制度和发展水平的国家互相提供发展的机会，实现全方位、多层次的互利共赢，给世界和平、安全、稳定与发展带来巨大机遇。特别应该指出的是，20世纪80年代以来，在"不结盟、不当头、不称霸"原则的指引下，中国成功地开启了具有本国特色的和平崛起之路，在实现自身发展的同时也为世界和平与繁荣做出了巨大贡献。

面对新的世界形势和发展态势，西方传统国际关系理论越来越不合时宜，单边主义、结盟主义、地区主义、霸权主义等陈旧思维对世界和平与稳定的消极影响越来越突出。新时代需要新智慧，新变化呼唤新思想。国际社会对变革全球治理理念的呼声越来越高。

构建人类命运共同体思想正是顺应时代呼声和世界潮流的新思想。它体现了中国共产党对新的历史时期世界发展性质、特征和趋势，尤其是世界格局出现的新情况、新问题的判断、阐释和预见，回答了"世界向何处去、如何建设这个世界"等重大问题，是对世界各国人民推动和平与发展这一崇高事业所取得实践经验的科学概括和理论升华。构建人类命运共同体思想的产生，标志着人类对自身历史的把握、对现实世界的认识、对未来发展的探索都达到了一个新高度，必将对世界和平与发展起到巨大推动作用。

## 二、为人类社会发展开辟新途径

如前文所述,近代以来,侵略扩张、武力征服、挑战和颠覆已有大国的地位和已有国际体几乎是所有国家崛起为世界大国的唯一途径。中国的情况却有所不同。改革开放40年来,中国的现代化事业取得举世瞩目的伟大成就,中华民族伟大复兴展现出光明的前景,特别是在习近平新时代中国特色社会主义思想的指导下,推动构建人类命运共同体,为中国开辟了一条与以往不同的发展道路。

主张和平发展,做世界和平的建设者。习近平主席指出:"中国人民要建设社会主义现代化强国,但我们坚持走和平发展道路,不会走扩张主义和殖民主义道路,更不会给世界造成混乱。"① 走和平发展道路是我国在目前形势下实现民族复兴的正确战略选择。从外在规定性方面考察,现今地球上所有国家都已经成为人类命运共同体的成员,合作共赢已经成为世界发展的总体趋势,任何逆历史潮流而动、以牺牲别国发展利益的途径换取自身发展机会的企图都必将遭受失败的命运。从内在逻辑性方面考察,中华民族是一个爱好和平的民族。正如习近平主席所说:"中华民族历来爱好和平,和平、和睦、和谐的追求深深植根于中华民族的精神世界之中。中国自古就倡导'强不执弱,富不侮贫',深刻总结了'国虽大,好战必亡'的箴言。以和为贵、和而不同、化干戈为玉帛、天下大同等理念在中国世代相传。"② 走和平发展道路,是中国人民对实现自身发展目标的自信和自觉。中国最需要和谐稳定的国内环境与和平安

---

① 《习近平:我们坚持走和平发展道路》,《人民日报海外版》2018年6月28日,第1版。
② 《习近平在印度世界事务委员会的演讲(全文)》,新华网新德里2014年9月18日电,http://www.xinhuanet.com/politics/2014-09/19/c_1112539621.htm。

宁的国际环境，任何动荡和战争都不符合中国人民的根本利益。中国只有同世界各国一道，共谋和平、共护和平、共享和平，坚持不称霸、不结盟，不干涉别国内政，才能更加顺利地实现中华民族伟大复兴的中国梦。

主张共同发展，做全球发展的贡献者。中国是世界上最大的发展中国家，要顺利实现两个一百年的发展目标，须统筹考虑和综合运用国际国内两个市场、国际国内两种资源、国际国内两类规则；①须通过开放的发展、合作的发展、共赢的发展，在谋求本国发展中促进各国共同发展，在促进世界经济可持续增长的同时给自己的发展创造更好的条件、赢得更多的机会。

作为一个拥有13亿人口的发展中国家和世界上最重要的社会主义国家，中国主要通过和平合作的方式在经济社会发展方面取得巨大成就，给发达国家提供了新的贸易与投资机会，给全球经济增长增添了动力与活力。

主张合作发展，做国际秩序的完善者。中国提出"迈向命运共同体"，意在同世界具有不同传统和观念的国家实现互联互通，尊重和照顾彼此的重大利益和关切，淡化和减少分歧，加强合作、共同发展。作为国际大家庭的重要成员和现有国际秩序的参与者与受益者，中国致力于推动国际体系朝着更加公正合理的方向发展，但这并不是"推倒重来"，也不是"另起炉灶"，而是"与时俱进、改革完善"。②随着综合实力的进一步增强，中国将以更加积极的姿态参与国际事务，积极履行国际承诺，将自身发展经验和机遇同世界各国分享，深化各层面发展伙伴关系，

---

① 《习近平出席中央外事工作会议并发表重要讲话》，新华网，2014年11月29日，http：//www.xinhuanet.com/politics/2014-11/29/c_1113457723.htm。

② 《习近平在西雅图市欢迎宴会上发表演讲（全文）》新华网，2015年9月23日，http：//www.china.com.cn/cppcc/2015-09/23/content_36662360_2.htm。

并为完善世界秩序提出倡议、发挥作用、做出贡献。

主张共享发展，做互利共赢的示范者。在中国的利益同世界各国的利益高度契合，中国的发展与世界的发展联系日趋紧密的情况下，合作发展和可持续发展需要以共享发展为基础。因此，中国的发展需要摒弃你输我赢、赢者通吃的旧思维，树立双赢、多赢、共赢的新理念，把本国利益同各国共同利益结合起来，在追求本国利益时兼顾他国合理关切，努力扩大各方共同利益的汇合点，增进人类共同利益；对那些对中国长期友好而自身发展任务艰巨的周边和发展中国家，要更多地考虑到对方利益，开展相互合作时尽量多予少取、早予晚取，不能为一己之私损害他人的利益和地区乃至世界的共同利益。

"人类命运共同体"理论科学概括了我国在走向世界强国过程中正确处理自身与世界关系的成功经验，为中国通过争取和平的国际环境发展指引了正确道路。2017 年 2 月 10 日，联合国社会发展委员会第 55 届会议一致通过"非洲发展新伙伴关系的社会层面"决议，"构建人类命运共同体"理念首次被写入联合国决议。同年 3 月 17 日，联合国安理会通过关于阿富汗问题的第 2344 号决议，"构建人类命运共同体"理念首次载入安理会决议。3 月 23 日，联合国人权理事会第 34 次会议通过关于"经济、社会、文化权利"和"粮食权"两个决议，"构建人类命运共同体"理念首次载入联合国人权理事会决议。2017 年 11 月 2 日，中国关于"构建人类命运共同体"的理念又写入联大"防止外空军备竞赛进一步切实措施"和"不首先在外空放置武器"两份安全决议。联合国决议频频写入"构建人类命运共同体"，表明这一理念得到世界各国的普遍认同。

## 三、促进构建平等相待、互商互谅的伙伴关系

要和平、不要战争是各国人民朴素真实的愿望，建设一个持久和平

的世界是构建人类命运共同体的重要目标。实现这样的愿望和目标，国家之间要构建起平等相待、互商互谅的伙伴关系。习近平主席在党的十九大报告中指出："要相互尊重、平等协商，坚决摒弃冷战思维和强权政治，走对话而不对抗、结伴而不结盟的国与国交往新路。"①

结盟立足于冲突对抗，结伴立足于合作共赢。在国际关系史上，传统的结盟关系具有控制与受控的不平等色彩和对其他国家或国家集团的排斥性与敌对性。旧的国际关系中的力量分化组合，在很大程度上通过结盟来完成。由于结盟几乎无一例外地针对其他国家，因而很容易将国际关系带入分裂对抗的冲突中。随着人类社会的发展进步，强权政治日益不得人心，这种逻辑应当并且已经逐渐被打破。一国的影响力固然与其经济、政治、军事实力有关，但其所持外交理念是否公平正义也是重要因素。只有坚持国家间不结盟，才能秉持公道正义的理念平等相待。只有主张国家不分大小、强弱、贫富都是国际社会平等一员，不搞远近亲疏、拉帮结派，才能真正做到按照事情本身的是非曲直判断和处理国际事务，减少冲突对抗的发生。

习近平主席在越南岘港举行的亚太经合组织工商领导人峰会上发表主旨演讲指出，我们将秉持正确义利观，积极发展全球伙伴关系，扩大同各国的利益汇合点，推动建设相互尊重、公平正义、合作共赢的新型国际关系。② 近年来，中国在主要大国中率先把建立伙伴关系确定为国家间交往的指导原则，已同100个左右国家、地区和地区组织建立了不同形式的伙伴关系，初步构建起遍布全球的伙伴关系网络，在建立平等相待、互商互谅的伙伴关系方面起到了示范带动作用。

---

① 《习近平在中国共产党第十九次全国代表大会上的报告（全文）》，新华网，2017年12月18日，http：//www.xinhuanet.com//2017-10/27/c_1121867529.htm。
② 《习近平出席亚太经合组织工商领导人峰会并发表主旨演讲》，新华网，2017年11月10日，http：//www.xinhuanet.com/world/2017-11/10/c_1121938333.htm。

中国重视各大国的地位和作用，致力于同各大国发展全方位合作关系，努力构建总体稳定、均衡发展的大国关系框架，共同走和平发展之路。2017年11月9日，习近平主席在同美国总统特朗普举行会谈时强调："中美关系正处在新的历史起点上。中方愿同美方一道，相互尊重、互利互惠，聚焦合作、管控分歧，给两国人民带来更多获得感，给地区及世界人民带来更多获得感。"[1] 中国高度重视并不断拓展与俄罗斯的共同利益，许多领域的合作取得进展与突破，中俄全面战略协作伙伴关系稳步向前发展。同时，中国务实推进同欧洲发展和平、增长、改革、文明的伙伴关系，同金砖国家发展团结合作的伙伴关系。

中国按照亲诚惠容周边外交理念和与邻为善、以邻为伴周边外交方针深化同周边国家的关系。近年来，中国与东南亚、南亚、中亚、东北亚等周边国家的关系得到明显改善，中国同周边国家的关系站在了新的历史起点上。习近平主席多次出访周边国家，与此同时，周边国家领导人纷纷应邀来华访问，与中国领导人频繁互动。中国提出中国—东盟"2+7合作框架"，建立澜沧江—湄公河合作机制，推动中国—东盟关系从成长期迈向成熟期；同所有中亚国家建立战略伙伴关系；与南亚国家合作显著加强。

秉持正确义利观和真实亲诚理念，加强同发展中国家团结合作。中国是世界上最大的发展中国家，永远做发展中国家的可靠朋友和真诚伙伴，是中国对外政策的基础。在开展对发展中国家的合作中，中国将坚持正确义利观，找到利益的共同点和交汇点，做到义利兼顾，弘义融利，有原则、讲信义、重情义、扬正义、树道义，不搞我赢你输、我多你少，

---

[1] 《习近平同美国总统特朗普举行会谈　中美元首一致同意继续发挥元首外交对两国关系的战略引领作用　推动中美关系得到更大发展》，新华社北京2017年11月9日电，http：//www.xinhuanet.com/video/2017-11/09/c_129737097.htm。

在一些具体项目上将照顾对方利益，深化同发展中国家务实合作。

## 四、推动解决世界发展不平衡问题

近年来，新兴经济体成为世界经济增长的重要引擎。一些国家实现了经济较快增长，人均 GDP 水平也有大幅度提升。尽管如此，全球南北经济发展水平的差距并没有从根本上改变。2013 年，发达国家人均 GDP 达到 40186 美元，相当于发展中国家平均水平的 8.2 倍。世界经济发展不平衡，构成当今世界经济复苏乏力、局部冲突和动荡频发、全球性问题加剧的主要经济根源，保障发展中国家的发展权利和发展环境仍然是一项长期任务。

对于许多国家来说，发展都是第一要务。人类命运共同体思想体现的正是各国共同发展的理念。各国要增强发展能力，归根到底要靠本国自身努力，根据自身禀赋特点，探索适合本国国情的发展道路。然而，西方国家一些人士认为，西方发展道路是世界上所有国家现代化的必由之路，资本主义政治、经济、社会制度适用于西方国家，也同样适用于其他国家和地区。一些发展中国家看到西方国家的发展成果，就对西方的经济、政治制度直接采取拿来主义，但在实践中不仅没有解决自身的发展问题，反而导致社会矛盾增多、社会秩序混乱。一些西方国家在全球范围强行推广自身价值观和社会制度，肆意干涉别国内政，更使许多国家和地区深陷动荡、冲突和战争的泥潭。

中国特色社会主义现代化的成功实践体现了发展道路的多样性，证明西方资本主义政治、经济、社会制度的合理性只能限定于特定地域和特定历史时期。中国特色社会主义道路启发世界上越来越多的国家选择适合本国国情的发展模式，走自己的发展道路。习近平主席在党的十九大报告中指出:"世界上没有完全相同的政治制度模式,政治制度不能脱离特定社会政治条件和历史文化传统来抽象评判,不能定于一尊,不能生搬硬套外国政治制度模式。"① 正如一棵大树上没有完全相同的两片树叶一样,天下没有放之四海而皆准的经验,也没有一成不变的发展模式。中国承认和尊重世界文明的多样性,主张一个国家的发展道路合不合适只有这个国家的人民才能做出最正确的判断和抉择。在对外交往中,中国坚定奉行独立自主的和平外交政策,尊重各国人民自主选择发展道路的权利,维护国际公平正义,反对把自己的意志强加于人,反对干涉别国内政,反对以强凌弱,更不会诱导或强迫别国屈服于自己的意志。

习近平主席指出:"解决好民族性问题,就有更强能力去解决世界性问题;把中国实践总结好,就有更强能力为解决世界性问题提供思路和办法。"② 中国人民完成了富起来、强起来的历史性伟大飞跃,对广大发展中国家而言是一个巨大的鼓舞与激励。许多发展中国家从中国身上看到希望与未来,从而坚定了发展的信念与信心。中国没有照搬西方模式,而是走出一条符合本国实际的发展道路,成为发展中国家学习、参考与借鉴的榜样,正如党的十九大报告所言,中国特色社会主义道路、理论、制度、文化不断发展,拓展了发展中国家走向现代化的途径,给世界上那些既希望加快发展又希望保持自身独立性的国家和民族提供了全新选择,为解决人类问题贡献了中国智慧和中国方案。③

广大发展中国家的经济活力持续增强,为世界经济发展注入新动力。同时,构建人类命运共同体思想的影响日益广泛,不同制度、不同类型、

---

① 《习近平在中国共产党第十九次全国代表大会上的报告(全文)》,新华网,2017年12月3日,http://www.xinhuanet.com//2017-10/27/c_1121867529.htm。

② 习近平:《在哲学社会科学工作座谈会上的讲话》,《人民日报》2016年5月19日,第2版。

③ 《决胜全面建成小康社会,夺取新时代中国特色社会主义伟大胜利——习近平在中国共产党第十九次全国代表大会上的报告(全文)》,新华社北京2017年10月27日电。

不同发展阶段的国家相互依赖和利益交融明显加深,互相提供发展机会,开展全方位、多层次的互利共赢合作,给世界和平、安全、稳定与发展带来更多机遇。世界上越来越多的国家认同和加入合作共赢发展之中,着力共建国际机制、改革国际规则、实现国际正义,推动国际秩序朝着更加公正合理的方向发展,推动世界发展更加平衡。

国际关系

# 俄罗斯"转向东方"的历史探析*

## 展妍男**

**摘　要**　随着亚太地区经济的飞速发展，尤其是乌克兰危机后俄罗斯与西方国家关系持续恶化，俄罗斯再次将目光转向"东方外交"，认为其对俄罗斯与西方的博弈及俄罗斯的未来发展都将起到至关重要的作用。本文试图从俄罗斯对"东方"的认知及其与"东方"的关系演变两个方面剖析俄罗斯"转向东方"的历史逻辑。文章通过对这一逻辑的探索得出，在东方和西方之间的选择贯穿了俄罗斯民族历史的始终。在"转向东方"的进程中，俄罗斯的自我定位也在逐渐发生变化。尽管俄罗斯"转向东方"的进程不会是一片坦途，但将影响其成为"东西方的桥梁"这一身份的重构。

**关键词**　俄罗斯　"转向东方"　历史逻辑

---

\* 本文为2017年度山东省社会科学研究项目（项目号：17CMZJ01）《"丝绸之路经济带"视阈下中亚民族问题研究》、2017年度山东大学人文社会科学青年团队项目（项目号：IFYT17050）《俄罗斯政党变革及政党政治发展态势及其趋向研究》、2018年度教育部人文社会科学研究专项任务项目《新时代中国周边外交与命运共同体建设》（项目号：18JF104）的阶段性成果。

\*\* 展妍男，山东大学政治学与公共管理学院讲师。

作为横跨欧亚大陆的大国,俄罗斯的对外政策主要包含西方和东方两个方向。随着亚太地区经济的飞速发展,尤其在乌克兰危机后,俄罗斯与西方国家关系持续恶化,俄罗斯再次将目光投向"东方外交",认为其对俄罗斯与西方的博弈及俄罗斯未来的发展都将起到至关重要的作用。因此,近几年来,尤其是乌克兰危机爆发后,无论是在俄罗斯官方的表述中,还是在学界的研究、媒体的解读中,"转向东方"都成为俄罗斯外交战略的重要方向。

本文认为,对俄罗斯近期"转向东方"的外交战略,应放在俄罗斯与"东方"的关系这一更宏观的问题框架下加以理解和分析。俄罗斯历史上与"东方"的联系与其近期的"转向东方"一脉相承。因此,本文试图从俄罗斯对"东方"的认知及其与"东方"的关系演变两个方面剖析俄罗斯"转向东方"的历史逻辑。主要从以下几个方面展开:首先,对俄罗斯认知中的"东方"进行界定,分析其"转向东方"的含义;其次,在历史维度下梳理俄罗斯与"东方"关系的变迁,并对其不同时期的"转向东方"政策进行比较;最后,归纳俄罗斯与"东方"关系的特点,并探析其深层动因。

## 一、"转向东方"的概念和内涵

### (一)俄罗斯认知中的"东方"

一直以来,斯拉夫文明属于西方文明还是东方文明的问题始终困扰着俄罗斯民族。在西方人眼中,俄罗斯是东方或至多算是西方的外围;而在东方人眼里,俄罗斯是西方或起码不是东方。这一方面与俄罗斯所处的独特的地理位置密切相关,另一方面也与其历史发展过程中先后受到不同文化、文明的影响，产生了各种关于东西方问题的文化思潮相关。

本文认为，总体上看，俄罗斯的"东方"包含两层意义，即"外在的东方"和"内在的东方"。

1. "外在的东方"

迄今为止，在漫长的历史时期，俄罗斯都深受西方文化中东西方二元对立世界秩序观的影响。在这种认知中，东西方不仅是对立的，而且"西方"处于优势地位。因此，对俄罗斯而言，"外在的东方"指的是在东西方二元对立秩序观下与西方文明不同的东方文明。这一"外在的东方"可以从不同的维度来解析。

从地理上看，东方指与俄罗斯东部领土相邻的亚洲地区。比如，赵华胜认为，"一般而言，东方是指与欧洲在地理上相隔、在文化上相异的亚洲"。[①] 从宗教归属来看，早在古罗斯时期，俄罗斯在"罗斯受洗"后皈依了东正教，东正教起源于东西罗马分裂后位于东方的拜占庭帝国，而拜占庭帝国灭亡后莫斯科公国接下了东正教的接力棒，形成了"莫斯科—第三罗马"的理念，在宗教上与西方的天主教世界对立起来，因此这里的"东方"指的是基督教的"东方"——东正教。[②] 从斯拉夫民族的历史发展和文明进程来看，俄罗斯文明曾先后受到拜占庭帝国、蒙古帝国的影响，"东方"指的是拜占庭文明和蒙古文明。从外交方面看，东方一直是俄罗斯外交的方向之一，只不过随着历史的变迁，这里的"东方"指代的地区和国家有细微的差别。"它通常泛指俄罗斯周边的亚洲地区，而不一定是在地理上位于俄罗斯的东面，也不仅指中国和东亚"，如"在俄罗斯外交史中，奥斯曼土耳其和高加索是其东方外交

---

① 赵华胜：《评俄罗斯转向东方》，《俄罗斯东欧中亚研究》2016 年第 4 期，第 1—16 页。
② 王崇梅：《俄罗斯古代文化中的东方性》，《俄罗斯研究》2007 年第 4 期，第 91—95 页。

的组成部分"。① 中亚虽然位于俄罗斯的南面，但在 19 世纪俄罗斯的扩张进程中，也属于东方的范畴。而近几年出现的俄罗斯政府的"转向东方"的外交战略，在俄罗斯国内外学者的研究中经常与"转向亚洲"或"转向亚太"同义。② 这里的东方多指亚太地区，而中亚则被归于独联体国家的范畴内。可见，"东方"在俄罗斯国家的外交布局中是不断变化的概念。

总之，对俄罗斯而言，"外在的东方"具有多样性和不确定性的特征，多样性与文明宗教相关，而不确定性则多表现在外交层面。

2. "内在的东方"

"内在的东方"探讨的是俄罗斯的东方性问题，这集中反映在俄罗斯的三大文化思潮或思想流派的争论和探索中。

俄罗斯历史上主要形成了三个主流思想流派，分别是西方派、斯拉夫派和欧亚派，其关注的核心聚焦于"西方—俄罗斯—东方"的三元思维模式。但这里的"东方"与以上提到的地理、宗教、文明和外交维度的东方有所不同，主要指俄罗斯的"东方性"问题。这种"东方性"既反映在西方派与斯拉夫派对于俄罗斯文明归属的问题上，也反映在欧亚派对于俄罗斯文明独特性的探索中。西方派和斯拉夫派争论的焦点在于俄罗斯应该完全融入西方文明还是应该认识并坚持斯拉夫文明的独特性，前者主张学习西欧的发展模式，后者强调坚持民族文化特质。双方争论的焦点是西方与俄罗斯的关系问题，因此，在这个语境下，此处的"东方"指的是俄罗斯自身。正如有学者指出的"俄罗斯东西方问

---

① 转引自赵华胜：《评俄罗斯转向东方》，《俄罗斯东欧中亚研究》2016 年第 4 期，第 1—16 页；История внешней политили России. 18 век., Под редакцией А. Н. Сахаров (ответственный редактор). Международное отношение. Москва, 1998, C. 48.

② 参见 Лукин А. В., Поворот к Азии, Росийская внешняя политика на рубеже веков и ее активизацияна восточном направлении, Издательство Весь мир, 2014.

题的实质归根结底是俄罗斯和西欧、俄罗斯和西方的关系。'西方—俄罗斯—东方'的三元模式，多数情况下本质上是'西方—俄罗斯（东方）'的二元对立结构"。①欧亚派强调虽然东西方都对俄罗斯文明产生了影响，即俄罗斯身上西方性与东方性并存，但是，俄罗斯既不是西方也不是东方，因为它已经把东西方因素吸收、融合，并内化成独特的欧亚文明。②可见，承认俄罗斯的东方性的同时，欧亚派强调这是一种内化了的东方性。

### （二）"转向东方"的含义

赵华胜把俄罗斯向东发展的政策统称为"转向东方"；③陈宇把俄罗斯从根本上提升亚太在其对外战略布局中地位的政策称为"转向东方"；④马博指出"转向东方"有弱化俄罗斯国内"西方中心"的外交思维的作用。⑤

从时间上看，乌克兰危机为目前阶段的"转向东方"提供了巨大的契机。例如，卡内基国际和平基金会莫斯科中心主任德米特里·特列宁（Д. Тренин）认为，乌克兰危机带来的影响之一是加速了俄罗斯"走向东方"。⑥冯绍雷指出，在"俄罗斯遭遇乌克兰危机和自身经济危机双重

---

① 何芳：《俄罗斯历史中的东西方之惑》，《俄罗斯研究》2010年第4期，第11—24页。
② 关于欧亚主义的研究综述，可参见张建华、唐艳：《近10年来我国学术界关于欧亚主义问题研究综述》，《俄罗斯中亚东欧研究》2005年第6期，第77—82页；粟瑞雪：《俄罗斯学者关于欧亚主义问题研究综述》，《俄罗斯中亚东欧研究》2006年第6期，第77—82页；粟瑞雪：《欧美学者关于俄国欧亚主义的研究综述》，《俄罗斯中亚东欧研究》2008年第2期，第83—87页。
③ 赵华胜：《评俄罗斯转向东方》，《俄罗斯东欧中亚研究》2016年第4期，第1—16页。
④ 陈宇：《俄罗斯外交"转向东方"评析》，《现代国际关系》2016年第10期，第15—21页。
⑤ 马博：《俄罗斯"转向东方"战略评析——动机、愿景与挑战》，《俄罗斯研究》2017年第3期，第49—75页。
⑥ 转引自王树春、刘思恩：《俄罗斯新亚洲战略及其对中俄关系的影响》，《当代亚太》2015年第6期，第82—100页。

困难的局面之下，中俄经济合作取得了一系列重大突破性进展。这一事实预示着俄罗斯'转向东方'所蕴含的巨大契机"。①

关于俄罗斯"转向东方"是否意味着放弃西方或西方地位在俄罗斯外交中下降的问题，在学术界基本能够形成共识。虽然"东方"或亚太地区在俄罗斯外交战略中的地位明显上升，但并不意味着西方地位的下降，更不意味着俄罗斯会"抛弃"西方，投入"东方"的怀抱。②"转向东方"的着力点在于逐步改变俄罗斯过去那种片面注重西方的外交取向，通过提升与亚太国家的关系，在东西方之间取得平衡。就这个层面而言，"转向东方"仍然是在一种俄罗斯与西方关系的逻辑中，"转向东方"是"由西向东转"，而该转向的原因往往是俄罗斯与西方的关系出现问题时的平衡外交战略选择。

然而，也有学者认为，"转向东方"体现了俄罗斯正在走一种中间路线，其背后是新欧亚主义对俄罗斯的国家定位，即俄罗斯正在由欧洲的"外围"向欧亚的"中心"转变，俄罗斯向亚洲靠拢的目标是"吸取历史教训，在不过多地作出全球承诺的前提下，富于前瞻性地成为一个横跨大西洋和太平洋的大国"。③

因此，本文认为，俄罗斯本轮的"转向东方"可以从两个层面理解，一个是外交层面，另一个是文化层面。外交层面的"转向东方"仍然是一种平衡外交的战略选择，而文化层面反映了俄罗斯国家形象的一种重塑。这既体现了前文所说的"外在的东方"，又体现了"内在的东方"。这也是新一轮"转向东方"的最大特点，俄罗斯只有实现对东方的外在

---

① 冯绍雷：《大历史中的新定位——俄罗斯在叙事—话语建构领域的进展与问题》，《俄罗斯研究》2017 年第 4 期，第 3—32 页。

② 陈宇：《俄罗斯外交"转向东方"评析》，《现代国际关系》2016 年第 10 期，第 15—21 页。

③ Sergei Karaganov, "A Victory of Conservative Realism," *Russia in Global Affairs*, No. 1, 2017, pp. 82-92.

转向（外交战略）和内在转向（文化认同）的统一，才能实现"转向东方"的最终目标。对于这一点，需要从俄罗斯与"东方"关系的历史中进一步加以分析。

## 二、俄罗斯与"东方"关系的历史变迁

### （一）东方性和西方性：俄罗斯早期历史中的双重因素

俄罗斯所处的独特的地理位置使其在早期的发展中受到西方、东方两方面的影响。

1. 西方的"东方"：俄罗斯在东正教世界中地位的确立

从广义的宗教文明看，俄罗斯与西方欧洲国家同属于基督教文明。然而，由于俄罗斯接受的是基督教中的一个分支——东正教，而欧洲国家的宗教信仰基本归属于基督教的另一分支——天主教及其后衍生出的新教，因此这又成为俄罗斯与西方的不同之处，即本节标题中指出的：俄罗斯是西方的"东方"这一宗教特点。

公元988年基辅罗斯弗拉基米尔大公接受基督教为国教，而此时，基督教已随着东西罗马的分裂形成了东西两个教会分立的态势。1054年，东西教会正式分裂为东正教和天主教。基辅罗斯属于拜占庭的东正教势力范围。15世纪拜占庭帝国的东正教会在帝国面临伊斯兰文明的威胁之时，决定与西方天主教合并，这引起了在基辅罗斯之后崛起的莫斯科公国东正教会的不满，认为这是对东正教的背叛。在这种背景下，莫斯科成为东正教世界的中心，并逐渐形成了"莫斯科—第三罗马"的理念。从宗教的形成来看，基辅罗斯东正教虽然源于西方基督教，但却是基督教中的东方一支，而且在15世纪末，随着拜占庭帝国东正教会的衰亡，

莫斯科公国代替拜占庭帝国成为东正教世界的领导者。时至今日，东正教依然影响着大多数俄罗斯人的精神世界，渗透到俄罗斯民族的政治、社会、文化等各个方面。

由于东正教与天主教在对经典的认知、教义、仪式等各方面存在诸多不同，因此，从宗教认同上来看，俄罗斯文明与西方文明虽然同根同源，但却不完全是一脉相承的。可以说，俄罗斯与西方国家在宗教信仰上的底色是不同的，这种宗教上的差异进一步加大了俄罗斯与西方国家的距离。

可见，东正教信仰既反映了俄罗斯的文化认同，也体现了俄罗斯在西方世界中的特殊性和东方性。

2. 东方的"西方"——蒙古统治和莫斯科公国时期

1237 年，蒙古汗拔都率军进入罗斯，各罗斯公国向金帐汗国纳贡称臣，从此进入了两个多世纪的蒙古统治时期。作为各公国中实力最强的莫斯科公国在与金帐汗国斗争的过程中逐渐积聚实力，发展壮大起来。这段与蒙古统治者的斗争史、与草原游牧民族的交融史在俄罗斯的国家制度和民族性格中留下了不可磨灭的印记，为其开启了随后向东扩张的进程。同时，与蒙古斗争融合的这段历史在一定程度上也使得莫斯科公国与西方世界的差距越拉越大。

1480 年，莫斯科公国的伊凡三世正式宣布放弃效忠崩溃中的鞑靼人政权，并制服了敌对的诸罗斯公国，自我加冕为沙皇。东欧的森林与草原地带之间力量的平衡自此扭转。沙皇伊凡四世时期，俄罗斯军队夺取了整个西伯利亚，并征服了喀山和阿斯特拉罕等小汗国（1552 年和 1558 年）。

需要指出的是，莫斯科公国在东方诸汗国面前逐渐显示出的优势，与其在面对西边邻居的劣势形成鲜明对比。"在对付西边和北边的波兰和瑞典时,却胜少负多,甚至在伊凡四世统治时期还被他们的西方邻居夺走了一些疆土。"但是,"俄国与西欧那种痛苦而暧昧的关系在别处边疆线上得到了补偿。事实上,这也使俄罗斯在对付亚洲北部森林和游牧地区极为落后的居民时成了一个准西方国家"。①

东西方之间的实力对比在罗斯人身上得到了检验,也帮助罗斯认清了现实,进而做出符合自身利益的现实选择。之后,随着西欧的崛起,从16世纪起俄国成为西方的外围世界,虽然俄国在不断受其侵扰的同时也曾思考如何排除来自西方的影响,但"最终还是被卷进了西方文明那极具扩张性、强大到危险程度但又非常诱人的罗网中去了"。②作为东方的"西方"卷入西方文明扩张史中去的俄国,在政治、文化、经济、社会、军事等各方面都落后于西方世界,西方化进程成为必然。

(二) 西方化:俄罗斯民族国家的构建

如果说基辅罗斯和莫斯科公国的历史对俄罗斯的影响是形成了一种"非欧洲的无意识",③之后的俄罗斯开始对西方文明的东西方二元对立世界秩序进行接纳吸收,开启了有意识向西方靠拢的过程。

彼得大帝主导的改革标志着俄国西方化进程的开始,有学者把这一进程称为"双向认知的通道":④一方面,俄国人通过改革学习模仿比自身先进的欧洲文明;另一方面,学习西方促使俄国的思想者们进行"内省",以西方为参照物对本民族历史和文化特质进行深入思考。这种双向

---

① [美] 威廉·麦克尼尔:《西方的兴起——人类共同体史(下)》(孙岳等译),北京:中信出版社2015年版,第639页。

② [美] 威廉·麦克尼尔:《西方的兴起——人类共同体史(下)》(孙岳等译),北京:中信出版社2015年版,第637页。

③ 王文:《俄罗斯民族的"地缘情结"——一种欧洲的意识和非欧洲的无意识》,《中国青年政治学院学报》2005年第5期,第40—45页。

④ 何芳:《俄罗斯历史中的东西方之惑》,《俄罗斯研究》2010年第4期,第11—24页。

认知的结果是当俄国加入西方时，不是作为西方的翻版加入，而是作为一种独特的文明加入。

此时，在西方文明的影响下，沙皇俄国认知中的东方是落后的、野蛮的。俄国西方化的表现之一是当西方帝国在海上扩张称霸时也是俄国在陆上进行扩张之时。奥斯曼土耳其、大清帝国和中亚诸汗国都是俄国的东方，俄国以一种征服者的姿态"转向东方"。威廉·麦克尼尔（William McNeil）曾写道："用以对付西方进攻建立起的强大的军事政治机器帮助俄国保持了绝对的优势，俄国的军事独裁专制体制在其东南边疆地区占据了极为有利的位置。而在进一步征服远东地区时，俄罗斯人面对的是'虽然原始但天性温良、并不好战的部落居民'，因此可以说不发一枪一弹就迫使当地居民以毛皮纳税上贡。"[1]当然，沙俄向东方的扩张并非一帆风顺。1689年的《尼布楚条约》遏止了俄国继续向远东扩张的进程。1717年，彼得大帝派往希瓦和布哈拉的探险队全军覆灭。

彼得一世时期的西方化取得了实际的成绩，从19世纪初开始，俄国成为西方（欧洲）的一员，而俄国的东方问题主要体现在与西方诸列强争夺势力范围的帝国主义扩张中。

19世纪的下半叶，俄国在中亚地区继续着其帝国扩张的时候，其国力却在不断衰落，从1856年克里米亚战争的失败到1905年日俄战争的失败，从二月革命到十月革命，俄国逐步沦为帝国主义集团中的二流国家；俄国国内也经历着深刻的变革，俄国资产阶级无力领导国家走出困境，最终无产阶级革命的浪潮冲垮了沙皇俄国的腐朽统治。随后，从第一次世界大战到第二次世界大战，苏联的大国地位最终得到确立，形成了以美苏对立为主要特点的两极国际格局。在进行工业化、现代化建设的苏

---

[1] [美]威廉·麦克尼尔：《西方的兴起——人类共同体史》（下）（孙岳等译），北京：中信出版社2015年版，第639页。

联前期和其后的冷战时期，苏联表面上视西方为意识形态对立面和竞争对手，但实质上仍将其作为国家发展的主要参照。在苏联的大国光芒下、在两种意识形态的对立中，此时的东方问题更多地体现在与西方对抗的外交博弈中。

特别值得注意的是，有俄罗斯学者指出，俄罗斯目前阶段的"转向东方"起源于戈尔巴乔夫时期，"把远东地区的发展提上国家议事日程始于戈尔巴乔夫时期"。[①] 1986年7月25日至8月初，苏联领导人戈尔巴乔夫作了为期一周的远东之行，视察了符拉迪沃斯托克、共青城和哈巴罗夫斯克等地，发表了几次长篇讲话，[②] 远东地区的发展开始提上苏联的国家议事日程。

从内容上看，戈尔巴乔夫的讲话围绕国内和国外两个层面展开，从国内角度看，苏联领导人对远东地区重要性的认识明显加强，决定把开发与建设远东地区放在重要地位，这是沙俄时期不曾有过的想法；从国际角度看，戈尔巴乔夫在远东的讲话反映出苏联领导人对亚太地区重要性的认识的深化。苏联做出的这种转变有以下几个方面的背景。

首先，苏联国内面临着深刻的危机，自勃列日涅夫时期苏联的经济状况每况愈下，至戈尔巴乔夫时期已经到了崩溃的边缘。其次，亚太国家和地区整体实力提升。随着20世纪70年代日本以及亚洲四小龙经济的飞速发展，80年代中国改革开放的全面展开，亚太地区在苏美全球战略中的作用日益重要，远东地区在苏联对外战略中的地位由此提升。苏联领导人认识到，未来远东地区可以成为其实施在亚太地区外交战略的有力后盾与强大基地。最后，戈尔巴乔夫的远东之行和关于苏联对亚太

---

① Синенко И. Ю. Перспективы «поворота на Восток» в контексте текущего геополитического положения России в Северо-Восточной Азии. Sinenko I. Yu. Prospects of «Eastern Pivot» in frames of current geopolitical position of Russia in the Northeast Asia. Ойкумена. No. 2, 2016, Ст. 125.

② 《戈尔巴乔夫在克拉斯诺亚尔斯克的讲话》，塔斯社莫斯科1988年9月17日电。

地区政策的讲话归根到底是在苏美关系的主导下,当时苏美正处于武器控制谈判未果、首脑会晤前景未卜、两国关系微妙的时刻。

因此,苏联对于亚太地区(东方)的关注离不开与美国的针锋相对。此时的苏联虽然已经外强中干,但苏共二十七大仍提出"建立全面的国际安全体系",① 苏联要在欧洲、大西洋和亚洲、太平洋这两条战线与美国进行长期的较量。可见,苏联的东方外交更多的是出于一种与西方的代表——美国较量的心理。

当然,在当时的背景下,戈尔巴乔夫提出的关于远东发展和在亚太与美国抗衡是不现实的。一方面,亚太地区的情况与西欧、大西洋的情况相比迥然不同;另一方面,苏联在亚太地区也不具有它在欧洲的影响力和实力,因此这些讲话的宣传价值大于实际价值。② 但是,从对具体的双边关系的认识来看,这一时期戈尔巴乔夫的向东发展战略是现实的、灵活的和积极的。苏联对苏日关系的发展,对苏中关系的改善释放了积极的信号,也为后来俄罗斯时期的"转向东方"做了舆论上的准备。

值得指出的是,在具体实施方面,苏联认识到日本已变成具有"头等意义的强国",在经济、科技等方面取得了"惊人的成就"。为了开发远东地区的需要,苏联迫切希望加速与日本发展关系。但在北方领土问题上苏日之间存在的分歧阻碍了苏日经济合作的进程。③ 这反映了苏联及后来的俄罗斯在发展远东地区战略上一脉相承的经济导向。然而,戈尔巴乔夫时期苏联虽已意识到了远东和亚太地区的重要性,但主要是为了

---

① 邢书纲、黄天莹:《关于戈尔巴乔夫的远东之行》,《苏联东欧问题》1986年第6期,第34—37页。

② 于国政:《苏联远东地区的对外开放及我们的对策》,《苏联东欧问题》1988年第3期,第47—53页。

③ 于国政:《苏联远东地区的对外开放及我们的对策》,《苏联东欧问题》1988年第3期,第6—12页。

对抗美国所主导的西方世界，"东方"依然被视为补充，处于从属地位。

总之，无论是在沙俄时期西方化的进程中，还是在苏联时期与西方的对立中，本质上都存在俄罗斯对西方文明的认同和渴望被认同。在前一个时期其积极学习加入，后一个时期则希望通过对抗赢得认同。因此，在以上所提到的这两个时期，俄罗斯的"外在的东方"特点处于从属地位，而"内在的东方性"则不被重视。

（三）在东西方之间寻求平衡：俄罗斯的自我重新定位

苏联解体之后，俄罗斯极力阐释的多极世界观一方面表现出其否定西方绝对优势地位的态度，另一方面则表现出俄罗斯逐渐摆脱东西方对立世界秩序观的影响，试图在后冷战时代重新实现强国梦。叶利钦时期的政策反映了俄罗斯在转型期的一种过渡，而在普京执政时期，俄罗斯的国家定位在"转向东方"中逐渐清晰起来。

1. 叶利钦执政时期

从总体上来看，20世纪90年代俄罗斯处于苏联解体的持续影响中，戈尔巴乔夫对远东地区、亚太和东方的计划最终也只能停留在构想阶段。

苏联解体后，在叶利钦执政时期，俄罗斯作为苏联的继承国开始奉行亲西方的外交政策。叶利钦甚至公开主张把俄罗斯完全"融合到西方文明社会"中去。但是，从1992年3月开始，俄罗斯的外交政策发生了一些变化，它开始把眼光移向东方，积极发展同东方各国，主要是亚太国家间的关系。叶利钦本人也多次表示要调整俄外交政策，重视"东方因素"，并在此后逐步提出和实施了新的东方政策。

在实施东方政策的过程中，俄罗斯特别重视发展同东北亚国家，如中国、日本、韩国的关系，并积极推动总统叶利钦对这些国家的访问。俄日关系虽然居于俄外交战略首位，但双边关系仍然由于在北方领土问题上的争议陷入困境,叶利钦首访日本的目标没有实现。叶利钦推迟访日后,韩国便成为俄东方外交中的重要因素,俄希望韩国能在经贸来往、经济援助等方面同俄进行广泛合作,以填补因与日本合作的缺失而出现的空白。但对韩国的访问可以说是雷声大雨点小,俄希望得到经济援助的愿望落空。此后,俄对华政策发生质的改变,1992年12月17—19日,叶利钦正式访华,中俄两国发表了相互关系基础的联合声明,并签署了二十多个有关经贸、科技、文化等领域的合作文件。①

这一时期,俄罗斯与中日韩接近的主要目的在于触动美国及西方各国,推动西方富国对俄罗斯实施经济援助。1993年4月初,美俄首脑会晤;4月中,在东京举行了以援俄为主题的西方七国外长和财长会议,在这两次会议中,西方终于将援俄问题提上议事日程。其中缘由在于,除考虑到俄罗斯国内的紧张局势外,俄积极推进东方政策也是重要原因之一。俄罗斯东西方平衡的外交策略初现端倪。

基于对这一时期俄罗斯东方政策的研究,学界指出了其中存在的问题:"东方"的内涵模糊;俄罗斯国内政局的动荡对实现东方政策的可持续性及其一以贯之具有负面影响;俄罗斯仍寄希望于加入西方大家庭,一旦这一愿望实现,东方政策的地位便无从谈起。②总之,叶利钦时期转向东方的外交政策虽然已被提出,但实际上,俄罗斯仍然致力于最终融入西方,因此,在具体的政策层面其东方外交没有得到认真实行。

2. 普京执政时期

在普京任期,俄罗斯的东方外交开始真正进入战略层面并进行了后

---

① 《俄罗斯总统叶利钦抵北京 杨尚昆主席举行隆重欢迎仪式》,《杨主席会见叶利钦总统》,《人民日报》1992年12月18日,http://data.people.com.cn/rmrb/19921218/1;《关于中华人民共和国和俄罗斯联邦相互关系基础的联合声明》,《中俄两国签署20多个合作协定》,《人民日报》1992年12月19日,http://data.people.com.cn/rmrb/19921219/1。

② 王安琪:《俄罗斯东方政策的出台、社会背景及其实施》,《亚太研究》1993年第3期,第33—39页。

续具体规划。随着与西方关系的持续恶化,俄罗斯出现了更为积极的"转向东方"战略。叶利钦时期出现的东西方平衡有了实质性的进展。

20世纪90年代末、21世纪初,俄罗斯外交在亚太方向展现出积极的面貌:1998年11月,俄罗斯加入亚太经合组织,2002年成为亚信会议成员国,2003年起加入旨在解决朝鲜核问题的六方会谈,同年成为东盟十个对话伙伴国之一,2005年作为观察员国与美国一起加入东亚峰会,等等。上述行动体现了俄罗斯积极参与亚太地区多边关系框架的努力。2006年,普京在俄国家安全会议上致辞,再次强调了远东的重要性,此举释放了俄要进一步加强远东建设的信号。[1]

2011年10月3日,时任俄罗斯总理的普京在《消息报》发表题为《欧亚大陆新一体化计划——未来诞生于今日》的文章,表明了对欧亚一体化未来前景的期盼,希望以欧盟为模版,建立超国家的联合体,未来实现与欧盟的平等对话。[2] 而俄罗斯学者尤里·塔夫罗夫斯基(Ю. ТАВРОВСКИЙ)随后在《独立报》发表的文章《在欧亚联盟的轮廓中亚洲路线尚不清晰》中提出了俄罗斯与西方加强协作固然重要,但同时也应向东发展。[3] 这与普京的文章形成一定程度的互动和补充,指出了俄罗斯向亚洲(东方)发展的重要性。

2012年总统大选前夕,普京连续发表了七篇阐述他第三个总统任期执政思路的文章,明确提出"借中国之风,扬俄罗斯经济之帆"。[4] 这表

---

[1] В. Путин, "Вступительное слово на заседании Совета Безопасности 20 декабря 2006 года," http://www.kremlin.ru/events/president/transcripts/23965.

[2] Владимир Путин, "Новый интеграционный проект для Евразии—будущее, которое рождается сегодня." Известия. 5 октября, 2011, https://iz.ru/news/502761.

[3] Юрий Тавровский, "Евразийскому контуру не хватает азиатских линий," Независимая газета., No. 259, 28 ноября 2011, http://www.ng.ru/dipkurer/2011-11-28/11_eurasia.html.

[4] В. Путин, "Россия и меняющий мир," 1 марта 2012 года, http://www.russia.org.cn/chn/2735/31294582.html.

明俄罗斯针对外部经济环境的变化调整对外发展经济的思路。在 2012 年普京重返克里姆林宫后，这一战略基本成型并得到强力推进。2012 年 9 月 8 日，亚太经合组织第二十次领导人非正式会议在俄罗斯符拉迪沃斯托克召开，这一会议的召开释放了俄罗斯积极"转向东方"的信号。

2012 年，普京第一次在俄罗斯官方正式文件中提出东方转向。他在国情咨文中提到，"21 世纪俄罗斯的发展方向就是向东发展。西伯利亚和远东是我们巨大的潜力所在，罗蒙诺索夫也谈到过这一点。现在我们应该做的是去贯彻落实这一点。这是在世界发展最强劲、最快的亚太地区占有应有一席的机会"①。在 2013 年的国情咨文中，普京再次强调发展西伯利亚和远东是俄罗斯整个 21 世纪的优先目标。②

长期以来，在论述俄外交重点时，俄罗斯的《国家安全战略》和《对外政策构想》等重要文件一直将亚太摆在相对次要的位置，位居独联体、欧洲和美国之后。在 2015 年末出台的俄罗斯《国家安全战略》中，③亚太地区第一次超越了欧美，排到了仅次于独联体的位置。可见，俄罗斯在政治上大幅度提升了亚太在其整体对外战略布局中的地位。此后，俄罗斯"转向东方"在外交、经济和安全合作上全面推进，而远东西伯利亚经济开发与开放更是以前所未有的决心和规模提上了日程。

"转向东方"和"转向亚洲"也引起俄罗斯各界的热议。瓦尔代论坛 2012 年提出了"转向亚洲"的新议题。2013 年 6 月，普京在圣彼得堡国际经济论坛上发表讲话，表明要效仿美国随着全球力量中心的东移将

---

① "Послание Президента Федеральному Собранию," 12 декабря 2012 года, http://www.kremlin.ru/events/president/news/17118.

② "Послание Президента Федеральному Собранию," 12 декабря 2013 года, http://www.kremlin.ru/events/president/news/19825.

③ Стратегия национальной безопасности российской федерации от 31.12.2015, http://www.consultant.ru/document/cons_doc_LAW_191669/.

战略重心转向东方，他表示要通过关注亚太地区而非欧洲传统市场来推动俄罗斯经济的增长。2015年，东方经济论坛成立，其创立即源于俄罗斯积极"转向东方"的政策。2017年9月，第三届东方经济论坛在符拉迪沃斯托克市成功举办，俄罗斯希望通过这个平台，加强俄罗斯与亚太地区国家的经贸联系并全面展示远东地区的经济前景和投资潜力。[1]

2015年，俄罗斯外交和国防政策委员会荣誉主席卡拉加诺夫（С. КАРАГАНОВ）等专家学者多年来深入思考俄罗斯的对外发展方向问题，发表《构建中央欧亚："丝绸之路经济带"与欧亚国家协同发展优先事项》等，以瓦尔代论坛系列报告的形式，系统而集中地表达了"转向东方"的战略思路。2017年11月，瓦尔代论坛在韩国首尔举行的研讨大会专门讨论了亚洲地区未来的政治与安全前景，"这表明俄罗斯精英正一步一步把本国外向选择与亚太地区总体政治安全构架的建设相互结合起来，进行构思"。[2]

总之，从俄罗斯总统普京的公开演讲、俄罗斯国家官方文件、俄罗斯政府的举措、俄罗斯重要的经济论坛、俄罗斯学界的研究、俄罗斯主流媒体的报道中不难发现俄罗斯"转向东方"战略的不断升级和完善。

## 三、俄罗斯与"东方"关系的特点

基于对俄罗斯与"东方"关系历史逻辑和对当前阶段俄罗斯"转向东方"战略的认知，本文认为，俄罗斯与"东方"的关系具备以下特点。

---

[1] 李勇慧：《东方经济论坛助力俄罗斯"向东看"政策》，《世界知识》2017年第19期，第36—38页。

[2] 冯绍雷：《大历史中的新定位——俄罗斯在叙事—话语建构领域的进展与问题》，《俄罗斯研究》2017年第4期，第3—32页。

第一，总体而言，在"西方—俄罗斯—东方"这组关系中，俄罗斯与西方的关系占据更加主导性的地位，并直接影响了俄罗斯"转向东方"。比如，苏联解体后，叶利钦时期俄罗斯推行"一边倒"的外交政策，然而在遭遇了西方的不平等对待和已承诺援助不予兑现的情况下，俄罗斯提出"全方位"外交；"9·11事件"后俄美关系升温，2008年爆发的格鲁吉亚战争又将这种升温的关系拉回原点，随后，时任俄罗斯总统梅德韦杰夫再次重申"双头鹰"外交政策传统；奥巴马任美国总统后俄美关系出现的缓和迹象又在乌克兰危机中消解。因此，俄罗斯每一次"转向东方"的战略都具有被动性的特点——"总是被西方国家推向东方国家的怀抱，在西方国家向其招手时又背弃东方"。①

然而，笔者认为，尽管"转向东方"作为俄罗斯的外交选择是出于平衡西方的一种考虑，但这种权宜之计背后的深层原因是俄罗斯内在的东方性。正是俄罗斯本身具有的东方性和外在的东方特点，使其每每在遭遇与西方关系危机时都会做出"东方选择"。

第二，全球范围内东西方力量对比的变化是影响俄罗斯与"东方"关系的主要外部因素。从西方的崛起到其全球优势地位的确立，俄罗斯的"转向东方"是一种加入西方并向东扩张的进程，在此进程中，俄国实现了由莫斯科公国到俄帝国的转变，这是在西强东弱的背景下实现的。

苏联时期的"转向东方"体现出一种与西方（美国）的针锋相对，是东西两极对立格局的产物。冷战后随着东方实力的上升，最显著的表现是亚太地区经济的飞速发展，全球东西方力量对比发生了质的变化。在这种背景下，俄罗斯的"转向东方"战略表现出一种历史上不曾有过的深思熟虑，具体表现为一种外交战略和国家思想的结合，一种外在东

---

① 王树春、刘思恩：《俄罗斯新亚洲战略及其对中俄关系的影响》，《当代亚太》2015年第6期，第82—100页。

方与内在东方的和谐统一。因此，有可能发展成一种长期、可持续性战略。比如，在论述欧亚一体化进程与"转向东方"的结合时，冯绍雷指出，"从概念形成和演变的过程来看，以欧亚地区为依托、先后以关税同盟和欧亚经济联盟为名的区域合作和发展进程，只是稍稍地早于俄罗斯'转向东方'路线的提出。换言之，'大欧亚'与'转向东方'的战略，几乎是同一个历史时期的产物。'大欧亚'和'转向东方'这两个范畴，各有所向，各不相同，但是，却是紧密联系而不可分割的两个进程"。①

俄罗斯学者指出，今天俄罗斯"转向东方（战略）"使欧亚思想在俄罗斯的复兴和发展更加现实。② 2017年7月，俄罗斯学者卡拉加诺夫发表题为《从"转向东方"到"大欧亚"》的长文，进一步提出作为一个总体框架得到中俄领导人正式支持的"大欧亚伙伴关系"是制定欧亚大陆国家合作方向的理念框架。③"大欧亚"的理论思想源泉来自"欧亚主义"对俄罗斯民族的诠释，"大欧亚"是"欧亚主义"从一种文明的与历史哲学的思想上升为国家思想的体现，而"大欧亚"与"转向东方"的结合正是国家思想与外交战略的结合，也是俄罗斯内在东方与外在东方的结合。由此可见，全球范围内东西方力量的变迁促使俄罗斯对东方有了更深刻的认识和转变。

第三，俄罗斯对"东方"的评价和对自身"东方性"的自觉程度，是决定其与"东方"关系的内生动因。尽管地理和历史因素均赋予俄罗斯一定的"东方性"，但近代以来，受到世界范围内东西方力量对比的影

---

① 冯绍雷：《大历史中的新定位——俄罗斯在叙事—话语建构领域的进展与问题》，《俄罗斯研究》2017年第4期，第3—32页。

② И. Василенко, "Евразийский имидж России: новые возможности и перспективы," Власть, No. 6, 2015.

③ С. Караганов, "От поворота на Восток к Большой Евразии," Международная жизнь, No. 5, 2017, C. 6–18.

响，俄罗斯长期努力"加入西方"，消极评价外在的"东方"，不重视其自身内在的"东方性"。近三十年来，虽然"东方"在俄罗斯国家战略中的地位日趋上升，但要使"转向东方"真正摆脱西方的参照，从利益选择变为文化认同，俄罗斯除了重新评价迅速发展的"东方"，还有待于进一步加深对自身的"东方性"的认知。

"转向东方"虽然带有被动性的特征，但从俄罗斯的民族自觉进程来看，它将越来越成为一种自觉的选择，是俄罗斯基于"自我—他者"模式的造就与再造过程。比较特别的是，这里的"他者"有两个，分别是"西方"和"东方"，因此俄罗斯的"自我"认知过程注定复杂而艰辛。

## 四、结论

在漫漫的历史长河中，俄罗斯思想界永恒的话题——"我们是谁，我们从哪里来，我们走向何方？"反映了俄罗斯民族对自身独特性的探索，西方和东方则是这种探索的具体视阈。俄罗斯在古罗斯时期受到西方和东方的双重影响，沙俄时期加入西方的扩张进程，苏联时期与西方对立竞争，转型初期的俄罗斯渴望再次融入西方，普京上台之后逐渐谋求东西方平衡的国家定位，以上在东方和西方之间的选择贯穿了俄罗斯民族历史发展的始终。对近年来俄罗斯"转向东方"战略的理解和认知，不应脱离这一宏观的历史和文化背景。

在这一过程中，俄罗斯民族对东方认识的转变尤其重要：从排斥东方到接纳东方，从仅仅将东方当作一种补充到视东方为一种平衡。在逐渐"转向东方"的进程中，俄罗斯的自我定位也在逐渐发生变化，俄罗斯民族的独特性则进一步得到体现。尽管俄罗斯"转向东方"的进程不会是一片坦途，但将影响俄罗斯成为"东西方的桥梁"这一身份的重构。

# 文在寅政府的对外政策：
# 机遇与挑战*

张慧智**

**摘　要**　文在寅上任后迅速结束前任朴槿惠被弹劾带来的乱局，重新调整与中国、美国、日本、俄罗斯等东北亚大国的关系，提出了以韩美同盟为基础强化安保和应对朝核威胁的能力、推进南北和解合作与朝鲜半岛无核化、推进与周边四强国家合作，形成"东北亚+责任共同体"等政策主张，以"实现朝鲜半岛和平繁荣"的核心目标。本文主要从半岛分裂与韩美同盟给韩国带来结构性安全困境，国际制裁与经济合作之间的两难使朝鲜半岛无核化与朝鲜半岛新经济构想难以并进发展，国内政治与国际政治相互制约导致其政策协调不利等方面，分析韩国对朝鲜政策取得的成果及所面临的挑战。从中可以看出，虽然文在寅希望韩国能够在半岛事务上发挥主导性作用，但由于难以消解美韩同盟对其自主外交的限制，并且在周边大国围绕朝鲜半岛利益博弈不断升级的情况下，文在寅政府的对外政策依然需要解决诸多课题。

---

\* 本文为教育部人文社会科学重点研究基地重大项目"朝鲜半岛形势变化与我国的对策（2017JJDGJW005）"教育部哲学社会科学研究重大委托项目（2016JZDW003）。

\*\* 张慧智，吉林大学东北亚研究院教授。

**关键词** 韩美同盟 外交自主 无核化 国际制裁 和平繁荣

## 一、问题的提出

2017年5月10日,共同民主党的文在寅当选为韩国第19届总统,结束了韩国因总统空缺带来的混乱局面。文在寅上任伊始,立即通过"电话外交""特使外交"等方式,为重新启动与中美日俄等东北亚大国的正常沟通做准备;并在双边和多边舞台迅速展开"首脑外交":6月访美,在朝鲜半岛出现战争危机的背景下紧急确认韩美同盟"坚如磐石",确保美国对韩国的安全保障,在"主导"朝鲜半岛事务方面寻求美国支持;7月访德,参加二十国集团峰会,分别与德、中、日、印、澳、法等国首脑举行会晤,提出"新柏林构想",向世界宣布韩国"对话与施压并行的对朝政策",希望得到各国对韩国对朝温和政策的支持与理解,以"实现朝鲜半岛和平繁荣";9月访俄,参加"东方经济论坛",向俄罗斯介绍"新北方政策",寻求普京对其半岛政策的支持;11月参加东盟峰会,提出"新南方政策",要将韩国与东盟的关系提升到"共同体"水平;12月访华,致力于恢复受萨德影响严重下滑的中韩关系,推动中韩关系重新启航。

文在寅总统一系列外交举措取得了明显效果。尤其是朝韩关系的改善成为其外交成果的亮点。2018年新年伊始,朝鲜就向韩国递出橄榄枝,朝韩迅速恢复直接对话并举行高级别会谈,并先后举行了三次首脑会晤,不仅发表了《板门店宣言》和《平壤共同宣言》,而且双方还签署了《关于落实〈板门店宣言〉中军事领域共识的协议》。朝鲜反复强调"将完全实现朝鲜半岛无核化"的决心让世界各国,尤其是让韩国松了一口气。在此前提下,朝韩双方密集的沟通与落实已签署协议内容的具体行动措施,大幅度缓解了半岛战争一触即发的紧张局势,为各方磋商包括朝核问题在内的半岛事务创造了良好氛围,也为朝鲜半岛实现持久和平创造了条件。尽管当前朝鲜半岛局势出现了大幅度好转,韩国对朝政策取得了明显成效,双方从原来的敌对关系正在向合作关系转变,但在此过程中也可以看到韩国在地缘安全环境建设方面的局限性。虽然韩国努力通过韩美首脑互访巩固两国同盟关系,积极说服美国同意推迟美韩联合军演,为实现朝美首脑会晤发挥了重要的协调作用,但是在朝韩关系持续走近的同时,美国作为盟国对韩国的牵制以及对朝韩关系进展的"制动",暴露出韩美各自战略目标与利益的分歧,韩国日益受到美国的制约,也为未来朝鲜半岛局势变化以及朝鲜半岛无核化前景带来了不确定性。

本文从半岛分裂与韩美同盟带来的结构性安全困境,朝鲜半岛无核化与"朝鲜半岛新经济构想"同步进行的不确定性及国内政治与国际政治互动导致其政策的不协调等方面入手,分析文在寅政府对朝政策面临的机遇与挑战,以便更好地理解朝韩关系和朝鲜半岛的未来。

## 二、结构性安全困境:自主与同盟的均衡

所谓"安全困境",就是在国际体系的无政府状态下,各国相互缺乏信任,一国增强自我安全的行为(如增强实力和军力)会不自觉地相对降低他国安全,从而使他国为了自身安全也竭力增加实力,以致卷入安全竞争的恶性循环之中。安全困境通常会导致本来并不试图相互伤害的

国家之间,甚至是利益目标一致的国家之间最终走向冲突。① 安全困境在韩国的表现尤其突出。韩国的安全困境主要来源于两个方面:一是朝鲜半岛南北分裂带来的威胁,二是美韩同盟带来的制约,两者相互作用,不仅引发了朝核危机,破坏了半岛和平统一前景,而且在美韩同盟框架下韩国政治外交和军事安全自主性受到极大制约,韩国根本无法按本国意愿发展与周边国家关系,而必须"看美国眼色"。尤其是在朝鲜半岛南北关系方面,韩国对朝政策无论是强硬还是缓和都会受到美国的制约。

第一,韩国没有"战时作战指挥权"导致其没有自主权去维护好朝鲜半岛的和平。美国在军事方面对韩国的控制使美国对半岛的和平或战争状态掌握了更多主动。1950年,朝鲜战争爆发,韩国为了在朝鲜战争中能够得到美国的军事支援,应对朝鲜的军事威胁,主动将海陆空作战指挥权交给了美国。② 冷战期间,为了威慑朝鲜不要轻举妄动,同时牵制韩国的军事冒进,规避韩国政府主动挑衅发动战争的风险,防止朝鲜半岛再次爆发战争,美国继续掌握作战指挥权,直到1978年将其移交给美韩联合部队司令部。冷战结束后,1994年韩国从驻韩美军手中收回了平时作战控制权,开始独立负责本国军队的警戒、巡逻、演练、调动、部署及拟定作战计划等事宜,但战时作战指挥权依然掌握在美军手中。2006年,自主意识极强的卢武铉政府开始与美国谈判回收战时作战指挥权,经过多轮艰难谈判,双方达成协议,计划于2012年4月把战时作战指挥权移交给韩国并解散韩美联合司令部。为此,双方专门成立了韩美联合履行工作组来推进《作战权转换计划协议》的实施。③ 然而,李明博

---

① John H. Herz, *International Politics in the Atomic Age* ( New York: Columbia University Press, 1959), p. 231.
② 曹中屏、张琏瑰等:《当代韩国史》,天津:南开大学出版社2005年版,第113页。
③ 李家成、朱绪朋:《试析韩国再次要求延迟战时作战指挥权移交的动因》,《国际论坛》2015年第2期,第76页。

政府上任后，以韩国"尚未建立独立指挥体系，缺少独自应对朝核威胁能力"为由，将原本应于2012年收回的战时作战指挥权事宜推迟到2015年，朴槿惠政府则再次将收回战时作战指挥权时间推迟到2020年中期。但是，面对2017年朝鲜核导危机发酵后美国紧密部署对朝进行军事打击的各项安排，韩国高度恐慌，却又束手无策。这不仅再次证明韩国尚未具有保障半岛和平的自主权，也让韩国再次深刻认识到，如果美国要对朝鲜采取军事打击行动，韩国即便不同意也难以阻止。所以，文在寅总统上任后就把收回战时作战指挥权事宜迅速提上日程。

尽管文在寅政府主张尽快完善收回战时作战指挥权的条件，"培养韩军主导韩美联合防卫能力，提高韩军核心能力和协同性，建设负责任的国防力量"，并且经过多轮磋商，双方签署协议确定，战时作战指挥权将于2022年归还韩方。① 但是这一协议设置了诸多前提条件，② 届时美国能否真正向韩国移交战时作战指挥权依然令人怀疑。毕竟，驻韩美军针对的目标不仅是朝鲜，还有中国和俄罗斯。在美国把中国明确作为竞争对手、全面围堵中国的情况下，难以把驻韩美军的指挥权交还给韩国。韩国保守党也对此提出诸多质疑，认为韩国不仅缺少情报能力和自我防卫能力，这样做还会破坏韩美同盟。可见，在收回战时作战指挥权方面，美韩之间还存在变数。

第二，文在寅上任后提出要"坐在驾驶席上"主导朝鲜半岛事务的意愿与现实尚有较大差距。2018年以来朝鲜半岛形势转圜，朝韩的主动

---

① 青瓦台：《文在寅总统，战时作战指挥权、驻韩美军再部署等问题将通过密切协商尽快解决》，[韩] 亚洲经济网，2018年11月1日，http://view.asiae.co.kr/news/view.htm? idxno = 20181108 11494844984。

② 韩国收回战时作战指挥权需要满足三个条件：能稳定移交战时作战指挥权的朝鲜半岛及区域内安全环境；战时作战指挥权移交之后，韩军具备主导韩美联合防卫力量的核心军事能力，而美国提供可持续的补充力量；韩军具备在局部挑衅和全面战争初期阶段应对朝鲜核与导弹威胁的能力，而美国提供延伸威慑手段和战斗力装备。

外交确实发挥了重要的推动作用,在半岛局势高度紧张的情况下,韩国坚持对朝执行温和政策得到朝鲜方面的回应,确实发挥了积极主动性作用,但却难以评定其为"主导性"作用。原因在于,一方面,如果朝鲜缺少主动意愿,无论文在寅怎样努力恐怕都难以取得成果;另一方面,如果没有美国的支持配合,韩国也难越雷池,无法摆脱美国的主导和影响。例如,如果没有2018年年初以来朝鲜主动表示要积极改善朝韩关系,朝韩双方就难以借助平昌冬奥会改善双边关系,进而成功举行三次首脑会晤。再如,在朝美双方为首脑会谈进行"神经战"的过程中,为推动美朝举行历史性的首脑会晤得以举行,5月22日,文在寅为说服特朗普同意美朝首脑会晤特意访问美国,特朗普却当场表示"(特金会)可能不会举行",并在事前没有通报文在寅的情况下,于5月24日宣布"取消美朝会晤"。此后,虽然朝美于6月12日成功举行了首脑会谈,并发表联合声明,但特朗普在当日的记者会上再一次事前未通报韩国就单方面表示"将中断美韩联合军演",迫使韩国政府只能对此决定表示欢迎。朝韩签署的《9·19军事协议》(《平壤共同宣言》的附属协议)本质上属于朝韩双方就停止相互军事威胁,共同保障半岛和平的协议,是为了朝鲜半岛长久和平走出的第一步,却因禁止侦察机直接到朝韩边境地区进行侦察的条款而遭到美国直接抗议。① 美国国防战略委员会(Commission on the National Defense Strategy)提交的"美国国防战略评价报告"中关于"金正恩时期朝鲜对美威胁大幅增加"②的内容无疑为今后朝美关系埋下了隐患,也让韩国在推进朝韩关系进展方面再次感受到压力。由此可见,虽然韩国希望作为当事国主导半岛事务,但无时不受

---

① 《彭佩奥对朝韩军事协议提出抗议,得到康京和承认》,TV朝鲜,2018年10月11日,http://news.tvchosun.com/site/data/html_dir/2018/10/11/2018101190020.html。
② 《美国议会下属国家防卫战略委员会认为朝鲜对美威胁加大》,联合新闻,2018年11月28日,https://www.yna.co.kr/view/AKR20181128049600504?section=nk/news/all。

45

到美国的制约。对韩国来说，充当"朝美的沟通桥梁"的定位可能更合适。

韩国的外交与安全政策之所以受制于美国，是因为韩美同盟长期以来最大的特点是较强的非对称性：无论是从韩美双方的国家实力、盟友职责、同盟权力等方面，还是从同盟利益、战略政策、竞争方式上都体现出明显的非对称性，① 尤其是韩美同盟的功能由威慑朝鲜扩展为覆盖政治、经济、文化、外交等多领域的全面战略同盟后，两国关系中的不平等性表现愈加突出。美国是韩国的保护国、领导者和施惠者，占有绝对的政策主动性和战略规划性；韩国是美国在全球和亚太地区的一枚棋子，只有在优先保障美国在亚太地区的主导地位不受威胁的前提下，韩国才能追求本国的战略利益，否则就会遭到美国敲打，甚至遭到美国惩罚。文在寅高度重视韩美同盟，要将韩美同盟建设成"伟大的同盟"，同时，也在积极争取外交的主动权和主导权，希望通过改善与朝鲜的关系缓和半岛紧张局势，通过加强国际合作和平解决朝核问题，消除半岛再次陷入战乱的隐患。但是，当朝韩真正致力于朝鲜半岛的永久和平，致力于实现朝鲜半岛停和机制转换时，美国又担心由此使驻韩美军地位受到质疑，因此放慢了朝核问题解决的节奏。可见，朝鲜半岛南北关系的发展方向依然取决于美国对朝鲜半岛的政策需求。这意味着韩国要按照自己的方式处理对朝关系，争取半岛和平尚有很远的路要走。但韩国也只有在坚持自主与同盟之间的均衡，才可能维护国家权益，才可能真正实现"世界一流国家"的远景目标。

---

① 韩进军：《浅析韩美同盟的非对称性》，《国际研究参考》2014年第1期，第15页。

## 三、朝鲜半岛无核化与新经济构想：
## 国际制裁与经济合作的两难

　　2016年8月，韩国正式提出朝鲜半岛新经济地图构想，其核心内容主要包括三个方面：一是"中长期构建东海能源和资源带"，即"通过由南北共同开发金刚山、元山、端川、清津、罗先，将东海岸同俄罗斯进行对接"。具体包括罗津—哈桑产业物流项目、元山（马息岭）—金刚山观光开发、清津新再生能源和端川资源产业园区建设、韩朝俄天然气管道连接等。二是"建设西海圈产业、物流和交通带"，即"中长期建设首都圈产业、物流和交通带"，"通过连接首都圈、开城工业园区、平壤、南浦、新义州，建设西海岸经济合作带"，"重修京义线，建设首尔—北京高速交通网，从而构建与中国主要城市的一日生活圈"。具体包括扩大开发开城工业园区，开发新义州、平壤、南浦、海州等产业园区，建设首尔—平壤—新义州—北京高铁。三是"中长期构建东海与非军事区的自然景观观光带"，即"构建连接雪岳山、金刚山、元山和白头山的观光带"，"将非军事区开发为以生态与和平安全为主题的旅游区"。① 由此可见，韩国致力于推动与朝鲜的全方位合作几乎涵盖了所有领域范围，是在历届韩国政府推进的"朝鲜半岛经济共同体"的基础之上提出的具体方案。文在寅还借板门店举行首脑会晤之际，将存有朝鲜半岛新经济地图构想具体内容的U盘直接交给了金正恩，再次明确表明了推进朝韩合作的意愿和决心。朝韩为落实《板门店宣言》和《平壤共同宣言》，进一步推进双边关系，在修复军事通信线路、离散家属团聚、体育事务、

---

① 《朝鲜半岛新经济地图构想与实现经济统一》，韩国统一部，https://www.unikorea.go.kr/unikorea/policy/project/task/precisionmap/。

山林合作、铁路连接等多个领域展开紧密磋商与交流。

但是，韩国在朝美关于半岛无核化协商尚未有进一步进展的情况下大力推动朝韩经济交流与合作，引发许多疑虑，如韩国是否会违反国际制裁决议案，是否会使朝鲜得到经济好处后不再推动半岛无核化进程等。中俄曾根据朝鲜爆破丰溪里核试验场、中断核与导弹试验等措施向联合国安理会提出部分缓解对朝制裁的提议，遭到美国的否决，就是因为美国认为"朝鲜前期的无核化措施都是国际制裁带来的后果，如果在朝鲜在弃核方面尚未采取实质性措施的前提下就放松对朝制裁，就难以实现半岛无核化"，与此同时，美国还加大了对各国是否遵守对朝制裁决议方面的监督力度。2018年8月，4艘韩国货船走私进口朝鲜煤炭被发现后，不仅遭到韩国在野党的强烈指责，认为这是文在寅政府有意放松制裁管制的后果，也引起美国的高度关注。随着朝韩一系列经济合作方面的协商与进展，韩国开始考虑解除对朝鲜的"5·24制裁措施"，此举引发美国高度担忧，特朗普直接提出警告"没有美国的批准，韩国什么也不能做"；① 为防止韩国再次出现违反制裁决议的事件，美国财务部甚至越过韩国政府直接与韩国的7个商业银行举行电话会议，警告他们"不要引起（美国）对其违反对朝制裁的误会"②；彭佩奥也强调："我们明确地向韩国表明，朝韩关系的增进，不应超过朝鲜无核化的进展，朝鲜无核化与韩朝关系是同行并进的过程。"③ 最近，联合国安理会还对朝韩9月

---

① 《美国对韩国解除对朝制裁动作急刹车》［韩］Edaily，2018年10月11日 http：//www.edaily.co.kr/news/read？newsId=01289046619371936&mediaCodeNo=257&OutLnkChk=Y.s。

② 《美国要实施次级制裁？被警告的银行股份暴跌》［韩］《釜山日报》2018年10月31日，http：//news20.busan.com/controller/newsController.jsp？newsId=20181031000013。

③ 《彭佩奥公开警告朝韩关系不要超速》，［韩］东亚日报2018年11月22日，http：//news.donga.com/3/all/20181122/92972614/1。

平壤会晤期间出现的高级进口防弹车是否违反制裁决议案启动了调查。①其实，美国从未放松对各国是否遵守联合国安理会制裁决议的严密监督，如果发现就会给予处罚，韩国也不例外。这无疑增加了韩国在国际制裁没有任何缓解的前提下推进与朝鲜经济合作的难度。如果国际制裁不缓解，朝韩经济合作就难以取得实质性进展，其通过对朝经济合作寻求新经济增长点的目标就会大打折扣，朝韩关系也可能因此逐渐趋冷，在朝鲜没有获得任何收益的情况下，半岛无核化将遥遥无期；如果韩国不顾国际制裁加快与朝鲜的经济合作，不仅会加重韩美分歧，使韩国因违反制裁决议而遭到惩罚，也可能加剧另一种忧虑，即朝鲜在提前获得经济收益的情况下会放弃无核化。

事实上，在缓解对朝制裁方面，韩国与中俄的立场一致，即根据朝鲜分阶段实施无核化的措施给予其一定补偿，配合逐渐解除对朝制裁以推动半岛无核化取得持续进展。但是美国坚持必须在朝鲜真正实现完全、可核查、不可逆的无核化后才会解除制裁，这相当于在朝美双方缺少足够互信的情况下，先让朝鲜解除武装后再谈给朝鲜发展的机会，这难免会使朝鲜怀疑美国的诚意。尤其是在美国中期选举结束后，特朗普似乎失去了继续推进解决朝核问题的动力，大幅度放慢了与朝鲜对话的步伐。对特朗普来说，第一次朝美首脑会晤后朝鲜中止核试验和导弹发射已经使其取得重要的外交成果，在其任期内尤其是在为连任做准备的情况下，特朗普还会为自己的连任竞争继续打"朝鲜牌"。因此，尽管韩国依然在尽最大努力在朝美之间发挥协调作用，但是朝美如果没有相向而行，如果朝鲜没有在无核化方面进一步采取切实行动，并且美国也没有据此做

---

① 《美国之音：联合国对朝韩首脑平壤会晤时使用的进口车辆是否违反安理会制裁决议案启动调查》，韩联社网站，2018年11月29日，https://www.yna.co.kr/view/AKR20181129021300504?section=nk/news/cooperation。

出缓解制裁的回应,那么韩国就难以以一国之力改变当前推动无核化与国际制裁并行的困难局面。未来很长时期内,韩国都需要多方寻找合适的方案推进半岛无核化与朝韩经济合作的同步发展。

## 四、国内政治与国际关系：合作与冲突的政策协调

一般来说,一国的外交政策是决策者根据其国家利益在理性基础上做出的决定,用来指导一国的外交与对外关系活动。但是,决策者制定外交政策又是处在一个复杂的国内政治环境之中。① 在国家层面上,国内权势集团通过迫使政府采纳合意的政策来寻求自己的利益,而政治家则通过在这些集团中建立联盟以寻求权力。在国际层次上,为寻求利益最大化,一国提高其满足国内需要的能力,而使外部变化的不利后果最小化。② 因而,同盟、利益集团、国内机构之间就不同偏好的竞争将形成一国的经济、军事与对外政策。③ 国际谈判桌上的任何一方都可能因对结果不甚满意而破坏谈判,与此相对应,未能满足国内利益集团诉求的任何领导人都有被赶下台的危险。正是国内政治与国际关系的内在冲突性,对国家间合作处理彼此间的共同问题形成妨碍。

文在寅政府的外交政策不仅受到当前朝鲜半岛紧张局势的影响,更处处受到国内保守派在野党的掣肘。大体上,韩国政坛可以划分为保守阵营和进步阵营。保守派和进步派的政策主张有较大不同,在对朝政策上的差异更加明显。保守派主张美韩同盟是韩国的外交安保基石,只能

---

① 刘军：《国内政治、对外关系及其相互影响》,《国际论坛》2010年第2期,第23页。

② Robert D. Putnam, "Diplomacy and Domestic Politics: The Logic of Two-Level Games," *International Organization*, Vol. 4, No. 3, Summer 1988, p. 434.

③ Lobell Steven, *The Challenge of Hegemony: Grand Strategy, Trade and Domestic Politics*( Ann Arbor: The University of Michigan Press, 2003).

在韩美同盟基础上发展中韩关系；进步派虽不否定这个基石，但要尽量降低美国对韩国过多过深的影响，提出"自主外交"和"自主国防"政策，希望均衡发展与中美的关系；保守派将朝鲜确定为"主敌"，主张实施对朝强硬政策，意欲配合美国通过战争消除朝鲜政权，解决朝核问题并推进半岛统一；[①] 进步派则实施对朝温和政策，主张通过与朝鲜和解与合作逐渐改造朝鲜。在李明博和朴槿惠两届保守政府执政近10年间，韩国亲美保守派的社会基础日益壮大。2017年的调查结果显示，在中美竞争结构下，67.3%的韩国人选择加强与美国的合作，只有22.3%的韩国人选择与中国加强合作；在对朝人道主义援助方面，有71.6%的韩国人认为"朝鲜态度不改变就不应提供人道主义援助"。[②] 基于这样的民意基础，即便进步阵营的文在寅政府也不得不在对外政策中体现国内政治的现实诉求。

在对朝政策上，尽管文在寅的"朝鲜半岛无核化与朝韩对话并行推进"的政策遭到保守派的质疑，也与强调"极限施压"的美国产生较大分歧，但是，过去10年保守政府实施的对朝强硬政策导致朝韩关系极度恶化，不仅没能阻止朝鲜的核导开发，反而给半岛带来战争威胁。因此无论是保守派还是进步派都希望尽快打破南北关系僵局；并且当战争迫近眉睫时，两派也一致认为美国不应选择军事行动，因为"这个选项意味着大规模毁灭"。韩国国内强硬与温和两派都支持"和平解决朝核问题"，使文在寅的对朝政策有了较大发挥空间，为文在寅与特朗普协调对朝政策时增加了谈判权重，迫使特朗普在维持美韩同盟还是牺牲韩国的选项上谨慎权衡。不过，尽管朝鲜在多个首脑会谈的场合反复明确了其

---

[①]《俄媒：韩保守派推动萨德部署 想用战争解决问题》，环球网，2017年2月28日，http：//mil.huanqiu.com/world/2017-02/10215716.html。

[②] [韩]金智允等：《处于新出发点的韩美关系：对美舆论调查与韩美关系启示》，首尔：峨山政策研究院，2017年6月。

"完全实现朝鲜半岛无核化"的意愿和决心，但与国际社会期待的"朝鲜弃核"的内容存在显著差异。如果朝核问题无法达到以美国为首的国际社会的要求，半岛局势恐怕还会出现反复，也必然再次给文在寅政府带来新的考验。

总之，一国外交政策的制定不只是为了寻求制衡别国，寻求国家求生存也不总是会得到优先考虑，均在一定程度上被内部权力斗争和妥协所主导。这种内部斗争可能会导致国内集团采取危及自己国家生存的行动。内部的权力斗争和妥协会造成从国际体系的视角出发看来似乎并不理性的行动。① 同时，国际冲突与合作反映的是国内政治中的斗争与共识。如果国内政策的变化使一国政治领导人的合作努力看起来更加有利可图，其推动的国际合作成功的可能性就会增加。这也解释了文在寅在坚持巩固韩美同盟的基础上实施对朝和解政策的理性。因为韩国长期在外交上追随美国，导致美国对韩国的国内政治有巨大影响力。倚重美国并获得美国的支持则成为文在寅维持国内正统地位的必要条件。

## 五、结论

文在寅执政一年来，其对朝政策取得了阶段性进展，朝韩《板门店宣言》《平壤共同宣言》成为朝鲜半岛南北关系进入新阶段的标志性成果。今后，韩国的外交重点是继续以韩美同盟为核心，加强与中日俄的协调，继续落实《板门店宣言》和《平壤共同宣言》的具体内容，真正实现朝鲜半岛无核化，建立半岛和平机制，实现朝鲜半岛的和平与繁荣。

文在寅政府的对朝政策应是其本人对朝鲜半岛未来构想的重要体现，

---

① ［美］海伦·米尔纳：《利益、制度与信息：国内政治与国际关系》，上海：上海世纪出版集团2015年版，第257页。

并在落实过程中取得了一定成果。但是由于朝鲜半岛的分裂状态和韩美同盟的结构性框架，韩国仍然难以摆脱当前外交政策的结构性束缚。如果朝鲜在"完全实现朝鲜半岛无核化"进程中无法满足美国的要求，则文在寅政府不仅会再次受到国内在野党的强烈批评，而且其所面临的国际政治压力也会再度增加，进而使其当前的对朝政策面临极大挑战。回顾历史可知，朝鲜半岛局势曾多次在极度对峙与突然转圜之间转变，每次都会随着朝鲜的主动外交和韩国的积极配合。此次朝鲜半岛局势的逆转能够持续多久，与以往是否不同，是否能够真正结束朝鲜半岛的冷战状态，实现朝鲜半岛无核化，为朝鲜半岛带来永久的和平与稳定，尚没有明确的答案。文在寅政府虽然深刻了解并强烈希望通过自身努力突破朝鲜半岛当前的结构性困境，实现朝鲜半岛的和平与繁荣，但长期积弊仅凭一届政府之力恐难以完全消除，再加上国内保守派在野党的处处掣肘，文在寅政府的"统一外交"依然任重而道远。

# 关于东北亚和平与发展机制的构建

赵宏伟[*]

**摘　要**　近代以来，东北亚为构建集体区域安全及发展合作机制而进行的外交博弈皆未成功，探索构建东北亚命运共同体之路，成为非常必要的课题。2017年以来，朝韩逐渐掌握了半岛事务的主导权。东北亚各国应顺势而为，开拓支持由朝韩主导、有关各国尊重并合作的新路径。同时应以中日韩自贸区的构建为中心构建和平发展新环境。进而渐次开拓中、日、韩、朝、俄、美参加的六国集体安全保障及和平发展机制，促进东北亚命运共同体的发展。

**关键词**　东北亚命运共同体　朝核问题六方会谈　东北亚集体安全保障机制　东北亚和平发展合作机制　中日韩自由贸易区

近代以来直至今日，东北亚是尚未建立集体区域安全及发展合作机制的少数几个国际区域之一，因此该区域局势也一直处于动荡之中。之前在东北亚为之进行的外交博弈皆未成功。究明因果，探索构建东北亚命运共同体之路，成为非常必要的课题。

---

[*]　赵宏伟，日本法政大学教授，山东大学东北亚学院客座教授。

## 一、东北亚安全构建中的权力与权益博弈

### (一) 第一次外交过程

第一次世界大战后,英日同盟终结,凡尔赛—华盛顿体系建立,虽然其中没有容纳苏联,但毕竟带来了十年左右的东北亚和平。1931年,日本独霸东北亚的野心膨胀,发动了"九一八"事变,占领中国东北,退出国际联盟,凡尔赛—华盛顿体系崩溃。

### (二) 第二次外交过程

第二次世界大战中,在建构战后东北亚秩序的问题上,曾有美英与中华民国的同盟(开罗会议)、美苏英和中华民国权益分享的安排(雅尔塔会议)以及围绕新生的社会主义中国的外交博弈,但是在冷战的国际环境下也归于失败。

1949年7月,毛泽东宣布中华人民共和国的对外基本政策是向苏联"一边倒",中国加入以苏联为首的社会主义阵营。[①] 1950年2月,中苏签订了《中苏友好同盟互助条约》,确立了中苏之间的军事同盟关系。美国不能容忍中国台湾、朝鲜半岛、印度支那成为苏联的势力范围。[②] 1950年6月25日,朝鲜战争爆发后,美国立即宣布参战,同时于6月27日向中国台湾海峡派遣了第七舰队,声明"将阻止针对台湾的任何攻击"。10

---

[①] 毛泽东:《论人民民主专政》(1949年7月1日),选自《毛泽东选集》第4卷,来源:人民网,2013年6月7日,http://www.wenming.cn/ll_pd/zz/201306/t20130607_1279683_1.shtml。

[②] 陶文钊主编:《美国对华政策文件集》第2卷(上),北京:世界知识出版社2004年版,第1—43页。

月13日，毛泽东向斯大林通告了参战决定。① 11月，斯大林决定由苏联空军负责朝鲜战场的空战。可以说朝鲜战争是中苏对美国的战争。② 朝鲜战争后，南北朝鲜分裂，中国大陆与台中国湾分离，东亚冷战结构形成。直至今日，东北亚安全范畴内的朝鲜半岛问题和中国台湾问题仍未解决。

（三）第三次外交过程

1972年2月，美国总统尼克松访华，双方达成以下共识：美日同盟意在对抗苏联，不是反华同盟；该同盟同时也起着遏制日本的作用，不让日本介入台湾问题；美军撤出印度支那和台湾。③ 截至2010年，这一共识为历代美国总统所继承。但在此后的奥巴马任期中，美日同盟的主要目的变成了对抗中国。④ 这也成为中日、中美关系恶化的首要原因。

（四）第四次外交过程

1982年，中国宣布实行"独立自主"外交政策，开始了中苏关系正常化的过程。1989年，苏联总统戈尔巴乔夫同意了"邓小平三条件"："从中苏边界和蒙古撤军""从阿富汗撤军""不支持越南的反华政策"。苏联承认了中国的周边利益，中苏实现和解。⑤ 至此，东北亚地区美中苏（俄）的权力格局基本确定。

从上述历史进程可以看到，东北亚地区的关系与格局始终贯穿着大

---

① 《建国以来毛泽东文稿》第1册，北京：中央文献出版社1987年版，第556页。
② 王海：《我的战斗生涯》，北京：中共中央文献出版社2000年版。
③ ［日］毛利和子：《尼克松访华秘密会谈》（ニクソン訪中機密会談緑）（毛里兴三郎译），名古屋市：名古屋大学出版会2001年版，第7—8页。
④ 专题研究见赵宏伟：《中国外交论》，东京：明石书店2019年版，第7章。
⑤ 「ゴルバチョフ・ソ連書記長のウラジオストク演説（86年7月28日）」『極東の諸問題』ナウカ発行（日本）、第16巻第2号、23、29頁。

国利益、权力的博弈，每一方都坚持自身权力的基本存在，力图划定势力范围和利益界限。但每过一个时期，原来的范围和界限会被打破，从而使东北亚地区再次处于被分割与动荡的状态。

## 二、第五次外交过程：
## 朝核问题六方会谈和东北亚安全机制的构建

20世纪90年代，朝鲜开始积极进行核武器开发，这使得朝鲜半岛以及东北亚局势复杂化。时任美国总统克林顿力求单独与朝鲜发展双边关系，解决朝核问题，也就是说完全没有构建东北亚区域的集体安保机制计划。

2003年8月27日，中国主持召开了解决朝核问题的"六方会谈"，是为第五次外交过程。2004年11月，美国派遣总统国家安全顾问苏珊·赖斯访华，正式建议"六方会谈框架的永久化"，提案内容包括：第一，解决朝核问题后，扩充六方会谈的功能，将之升级为进行安保协商的一个机构；第二，签订新的多边和平协议，以取代1953年朝鲜战争的停战协议等。[1] 六方会谈设立五个工作组，其中第五组就是东北亚和平与安全机制工作组，由俄罗斯担任召集人。第五组的设立堪称一项历史性的成果，它的突出贡献是提出，作为六个国家之间的共识，以国际协议规定东北亚区域合作机制的构建。

2007年7月，中国汇总的六方会谈团长会议的新闻公报提出，尽快在北京召开六方外长会议，探讨加强东北亚安全合作的途径。2008年6月，赖斯访日时向时任日本首相福田康夫提出，"希望把六方会谈升级为

---

[1] 《美国总统国家安全顾问苏珊·赖斯访华》，[日]《日本经济新闻》2004年11月19日。

外长级，宣布成立东北亚安保机制"。① 时任美国总统布什任期届满，意图将东北亚区域合作机制的成立作为布什政府的政策遗产。当时福田康夫对赖斯表明了消极的态度，"亚洲的安保问题，应该以日美同盟为基轴"。② 结果，在小布什任期内，六国外长会议并未召开。此后的奥巴马政府则自称"战略性忍耐"，八年之间全无作为。到2017年朝鲜已进行六次核试，制成了核武器。③

综上所述，有关各国在权益上不能相互调和，意愿上不能达成一致，致使半岛问题至今没有解决；东北亚集体安全保障机制及合作发展机制虽时有努力，却一事无成。

## 三、朝韩主导下的东北亚区域合作

### （一）新路径：支持朝韩发挥主导作用

2017年以来，朝鲜半岛事务发生重大变化，即朝韩逐渐掌握了半岛事务的主导权。东北亚安全保障的核心问题是半岛问题，而朝韩是半岛的主角，由主角主导，有关各国尊重并合作是一条新的路径。

通过观察比较可知，同类型的路径已有成功的经验，该路径可行并具备成功的可能性。自1997年以来的"东盟10+3"机制中的一个共识就是尊重东盟的主导权，每年的峰会也一定要由东盟主席国主办，因此，峰会不会因大国的意愿而中断。

---

① 《赖斯访日，福田康夫首相强调：日美基轴》，[日]《日本经济新闻》2010年1月22日。
② 《赖斯访日，福田康夫首相强调：日美基轴》，[日]《日本经济新闻》2010年1月22日。
③ 2017年9月，福田康夫原首相对媒体发言："当时（2008年），金正日总书记是认真地要废弃核武器的……对于丧失了那次时不再来的机会深感自身的责任。"[日]《每日新闻》2017年9月18日。

由南北主导解决半岛问题,有关各国予以支持并与之合作,就有可能促使东北亚集体安全保障及合作发展机制水到渠成,共同建设东北亚命运共同体。比如,先由韩国代表半岛邀请中日俄美会商东北亚发展合作事宜,或是参加东北亚发展合作会议或论坛。由朝韩主导,先进行策划和初步行动,也可以从外长级别会谈开始,渐次发展到首脑峰会。

"东盟10+3"起初也屡遭美国反对,东盟不得不借其他国际会议之席提议召开外长午餐会才得以开启(1994年),在开了四次外长午餐会和一次首脑午餐会之后,才有了后来的正式外长会和1997年的东盟峰会,后在1998年才正式定为年度会议。①

曾经的"上海五国"也是这个渐进的路径。1996年,中国邀请俄罗斯及中亚三国哈萨克斯坦、吉尔吉斯斯坦、塔吉克斯坦首脑访问上海,计划商定一个五国边界和平友好措施。中国媒体仅使用了"上海五国"这一指称,并没有正式命名,也没宣称要办成定期峰会。这样门槛低,反而易成事。次年,会事即请俄罗斯主持,其余四国助兴,如今已发展成为涵盖欧亚大陆东部的上海合作组织。②

(二)新环境:中日韩合作的制度化

21世纪以来,中日韩构成了东北亚的经济、文化和政治中心。俄罗斯也一直是东北亚和平合作的支持者,而美国有时算是支持者,但有时是问题制造者,如之于朝核六方会谈。从这个角度来看,半岛问题又主要是美国问题。这是21世纪以来半岛问题及东北亚合作问题的客观

---

① 赵宏伟等:《中国外交的世界战略》(中国外交の世界戦略),东京:明石书店2011年版,第11章,第238—257页;赵宏伟:《东亚区域一体化进程中的中日关系》,《世界经济与政治》2010年第9期,第19—39页。

② 赵宏伟等:《中国外交的世界战略》(中国外交の世界戦略),东京:明石书店2011年版,第10章,第218—237页。

环境。

那么，中日韩三国作为东北亚的中心，就应该有意识地发挥中心力量，为朝韩主导半岛事务，为支撑构建东北亚集体安全保障机制及合作发展机制开创新环境。

需要强调指出，《中日韩自由贸易协定》（Free Trade Agreement，FTA）是构建东北亚集体安全保障机制及合作发展机制的基础建设。可以说，没有自由贸易协定就没有东北亚命运共同体。2018年，三国领导人都发声要求加快中日韩自由贸易区的建设。

第一，自贸区的直接利好无疑是减免关税。一个简单的逻辑是，出口量越大的出口对象国，自由贸易协定对其意义越大。例如，对日韩来说，第一大出口对象国是中国，那么日韩与中国的自由贸易协定就会使其出口的最大部分获得关税减免，所获利益当然就会超过与其他国家的自贸协定。而中国的最大出口对象是欧盟、美国、东盟，所以对中国来说，与日韩的自贸协定获益小于与上述三家之协定。

日本外务省曾做出如下分析：2017年"我国（日本）的主要贸易对象国中，中国第一，占（日本）对外贸易额的21%，韩国第三，占6%。如果结成中日韩自由贸易区，三国的GDP及贸易额占有率将达到世界的两成，亚洲的七成……这对维持和增进我国（日本）的经济发展是不可或缺的"。[①] 可见，中日韩自贸区如果建成，将是GDP超过美国的巨大经济体。

第二，自贸区更大的利好是超大规模市场所具有的超强的资源最适配置能力。中日韩自贸区是世界上最大的市场，可以为三国各类企业提供发展空间。比如，新能源汽车业，由欧美主导使电动汽车成为世界新

---

① 日本外务省官网，https://www.mofa.go.jp/mofaj/gaiko/fta/epa_seminar/1301/pdfs/betten1.pdf。

能源汽车业的标准，压倒了日本倾力研发的氢燃料电池车。如果把中国山东、东北定位为氢燃料电池车的准入市场，加上日本本土，对日本而言就是3亿人口的大市场。而对中国来说，电动车、氢燃料电池车两相争艳，对汽车业的发展，对科技的进步都是求之不得的好事。

第三，中日韩自贸区才具有承担朝鲜复兴及半岛统一的风险的能力。一是从半岛全局的视角看，中日韩自贸区对韩国的重大意义还在于，如何把朝鲜纳入视野。我们从越南、老挝、柬埔寨、缅甸之于东盟的前例看，应该展望朝鲜的加入。我们再展望朝鲜的经济复兴及半岛统一这一重大课题，显而易见，有中日朝韩四国自贸区构成的经济圈机制才有能力承担其成本，规避其风险。二是从构建东北亚集体安全保障及发展合作机制的全局看，俄罗斯应当也会乐于加入，这样在东北亚就会形成一大国际力量，也就会更加有影响力，有希望引导美国走出孤立主义的迷思，重回多边合作之途。东亚峰会就是先有1997年开创的10+3，再发展到2005年的10+6，2011年才吸引了美国由改抵制为参加，形成今日之东亚峰会。

推动构建东北亚集体安全保障及发展合作机制，促进东北亚命运共同体的形成，实现东北亚的和平发展，是我们这一代的历史责任。

# 加强中朝韩合作
# 实现半岛和平构建的新思考

[韩] 郑载兴*

**摘 要** 2018年4月27日，朝韩双方在时隔11年后成功举行首脑会议，会议签署了《为了朝鲜半岛和平、繁荣和统一的板门店宣言》（简称《板门店宣言》）。由此，朝韩双方打开了结束长期分裂和对峙、创造新的和平的大门。朝韩领导人就发展朝韩关系、缓和军事紧张形势、构建和平机制达成共识，以促进朝韩关系发展和构建和平机制，可谓超越了维持和平，达到了创造和平。笔者认为，走向命运共同体是东北亚唯一正确的历史选择。我们应深入思考，未来如何才能让中朝韩合作发展的优势变成东北亚经济发展的巨大动力。朝韩关系的前途依然会面临诸多挑战，特别是来自美国以及韩国内部保守派势力的挑战。为此，朝韩必须踏实、谨慎、稳妥地推进《板门店宣言》提出的各项任务。

**关键词** 朝韩关系 《板门店宣言》 "一带一路" 中朝韩三国合作 无核化

---

\* 郑载兴，韩国世宗研究所高级研究员。

随着全球化程度的加深,未来国家间将建设怎样的合作关系?是以竞争、冲突、相互毁灭为主线,还是以不同文明之间相互学习、相互融合、共同促进人类社会发展为主线?究竟选择哪一种方向合作与发展?这是涉及东北亚以及半岛每个人的生存和发展问题,也是关涉全人类发展方向的问题。对此,中国已经给出明确的建议,即"一带一路"、人类命运共同体、中朝韩三国合作等积极的方案。因而如何理解和推动"一带一路"倡议与半岛和平稳定的构建方案,诸如这些重要问题亟待我们进行深入探讨。

## 一、朝韩关系的新变化

2018年4月27日,朝韩双方在时隔11年后成功举行的首脑会议中签署了《为了朝鲜半岛和平、繁荣和统一的板门店宣言》。在短短半天内,朝韩最高领导人留下了手牵手来回跨越军事分界线、并肩齐行谈笑风生等诸多历史性画面。即便是在几个月前,这都是无法想象的。韩国提出的会谈口号是"和平,新的开始",朝鲜劳动党委员长金正恩在留言簿上的题词"新的历史从现在开始,和平时代已站在历史的起点"。正因为朝韩双方皆同此心,上述一切才变成可能。

目前,朝韩双方打开了结束长期分裂和对峙、创造新的和平的大门。这次首脑会谈签署的《板门店宣言》,展示了朝韩关系的独特之处。因为它传达了双方的坚定意志:唤醒此前陷入休眠状态的所有协议,并以朝韩关系为中心来开创半岛的未来。也可以说,朝韩双方有着共同的认识,即作为半岛问题的当事方,朝韩未来应该发挥主导作用,不应再受大国关系左右。同时,它还体现了朝韩双方真诚且恳切的意愿,即朝韩关系不能再重复过去因朝核问题而浮沉不定、反复无常的局面,朝韩双方需要共同努力来跳出朝核这个黑洞。

这在《板门店宣言》中得到了充分的表达。朝韩领导人表示，要在半岛上开创一个不再有战争的新和平时代，并就发展朝韩关系、缓和军事紧张形势、构建和平机制达成共识。仅从宣言内容的排列顺序上就可以看出，双方不再把朝韩关系视为朝核问题和朝美关系的因变量，而是将其作为解决问题的立足中心和出发点。而军事领域的相关举措则是为了进一步巩固朝韩关系，同时使其成为构建和平机制、打开无核化大门的一把钥匙，可以说，这是有关半岛未来的极为清晰的蓝图设计。对于此前期望把会谈重点放在无核化问题上的一些人而言，这次会谈结果也许会让他们感到错愕。朝韩双方领导人明确传达出这样一种信息，即朝韩首脑会晤可以为朝鲜半岛无核化或朝美首脑会晤提供支持，但不应仅止于扮演这样的垫脚石或连接桥的角色。朝韩应充当协调者，以促使在发展朝韩关系和构建半岛和平机制、推进"一带一路"倡议的实施、中朝韩三国合作及实现朝鲜半岛无核化之间形成良性循环。

## 二、《板门店宣言》中的几个问题

《板门店宣言》第一条聚焦全面、划时代地改善和发展朝韩关系，首先强调了民族自主的原则和对朝韩之间各项协议的履行。在此基础上，《板门店宣言》还决定推进双方各个层级对话渠道的制度化，促进各界各阶层在各领域的交流往来、举行离散家属团聚活动。为了保障交流的顺利进行，还把平壤时间重新改回首尔时间。《板门店宣言》还包括双方为了促进民族经济的均衡发展和共同繁荣而决定连接铁路和公路的内容，这似乎是为未来将大力推进的"朝鲜半岛新经济蓝图"的新举措。此举显示了双方在努力通过自上而下（Top-Down）和自下而上（Bottom-Up）

相结合的方式来为朝韩关系的稳定发展、可持续发展开山奠基。

《板门店宣言》第二条聚焦缓和军事紧张局势和增进互信,从《板门店宣言》的内容设置和结构布局上来看,非常巧妙。在朝韩之间采取措施缓和军事紧张局势,一方面可以为第一条发展朝韩关系提供支持,另一方面则可以促进和平机制建构(第三条),即它能够成为连接朝韩关系与和平机制的关键一环。过去朝韩关系之所以浮沉不定、曲折坎坷,大多都起源于朝韩之间的军事冲突。中国过去的对朝政策和无核化努力都是企图用金钱(经济)来换取朝鲜的弃核(安全),所以不可避免地带有一定局限性。事实上,只有消除了朝韩之间军事冲突的可能性,朝韩关系才能不动摇地持续发展下去。而为了签署《终战宣言》或缔结《和平协议》,同样需要双方在军事安全方面首先采取措施,以遵守现有的《停战协定》为前提,大胆地摒弃原先的定式思维——为了支持经济交流而举行军事会谈,随着朝核问题的进展,军事问题需要再进一步跟上。双方都已做出了对以往的超越,实现了思维范式的转换,即决定优先举行朝韩军事会谈,以促进朝韩关系发展和构建和平机制。可谓超越了维持和平(peace keeping),而达到了创造和平(peace making)。

## 三、"一带一路"倡议与地区安全

中国政府努力推进"一带一路"倡议,构建地区命运共同体的重大举措,对于朝鲜半岛实现和平稳定至关重要。"一带一路"倡议推动共同打造互利共赢的利益共同体和共同发展繁荣的命运共同体,反映了新时期中国积极作为的国际战略思想,已经获得六十多个国家和地区的支持与认同。"一带一路"倡议具有丰富深刻的内涵,无论"一带"还是"一路",核心在于加强经贸合作,尤其是加强周边国家之间的经贸合作,并以政策沟通、道路联通、贸易畅通、货币流通、民心相通为原则，推动合作。"一带一路"倡议的精髓在于不冲突不对抗的独立外交政策，其实质是借用古代丝绸之路的历史符号，向世界传达中国将积极主动与合作国一同打造政治互信、经济融通、文化包容的利益共同体，这对于建立健全亚洲产业链，建立亚欧之间新型的合作伙伴关系具有重要的意义。

从推动中国与周边国家利益共同体甚至命运共同体建设的大视野来看，朝韩也是"一带一路"倡议的重要合作国家。在这一倡议运筹之际，重新评估目前半岛局势成为重要前提。朝韩于中国的重要性在于它是实施半岛与"一带一路"倡议不可缺少的重要一环。在当前和未来，半岛与"一带一路"的连接至关重要，没有朝韩参加的东北亚区域合作是不完备的，甚至谈不上是真正的东北亚区域合作。因而，在实施"一带一路"倡议的过程中，朝韩两国是非常重要的变量。中韩关系发展的经验证明，经济联系形成的共同利益是坚实的基础，不管发生什么波折，两国都致力于维护相互依赖的共同利益。因此，中朝韩三国需要加强政策沟通，实现发展上的对接，并以此为基础，重建中朝韩战略合作关系。

如果未来中朝韩三国在经济合作领域取得实质性进展，中朝韩在东北亚的战略外交将会实现突破，整个东北亚经济合作体系的建设将成为中朝韩三国崛起的一个有力支点。在东北亚地区实施"一带一路"倡议的外部关键变量是朝韩关系，而朝韩关系因素的最大变量则是朝核问题，在这一现实情况下，需要重新定位中朝韩三国关系和审视未来"一带一路"与中朝韩三国政策的关联。换言之，以中国为主体构筑的东北亚合作以及半岛"一带一路"建设应成为中朝韩三国关系转型发展的重要契机。笔者认为，走向命运共同体是东北亚唯一正确的历史选择。我们应深入思考，未来如何才能让中朝韩合作发展的优势变成东北亚经济发展的巨大动力。对中朝韩三国而言，需要准确评估中朝韩三国所具有的积极因素及其潜在的地缘影响，并从"一带一路"建设的视角出发，深度挖掘中朝韩关系对区域经济发展合作的潜力，加大政策调整和关系重构的力度。

## 四、朝韩关系改善与半岛无核化

朝韩首脑会晤和朝美首脑会晤终结了朝鲜半岛过去65年的对立，由停战机制迈向和平机制将是一个非常重要的里程碑。朝韩首脑会晤的核心议题是朝韩关系的大力改善与发展、半岛无核化和半岛和平机制构建等问题；而朝美首脑会晤的核心是解决朝核问题、朝鲜的体制安全保障等议题。在体制安全得到保障的同时，朝鲜将集中精力解决一个重大课题即经济发展问题。在体制安全保障这个问题上，不仅仅涉及政治和军事问题，经济重建也许会受到更多重视。俗话说"一口吃不成胖子"，想在朝韩首脑会晤和朝美首脑会晤时一次性解决所有问题并不现实。因此，通过南北首脑会晤和朝美首脑会晤实现由停战体制向和平机制的转变，将成为从根本上解决半岛问题的新契机和转折点。为此，必须有所为有所不为。一旦在根本问题上确定了解决方向，促进关系改善和发展的其他细节问题就有可能会迎刃而解。最重要的是需要各方有换位思考的精神，在考虑自身立场和利益的同时，也要考虑对方的立场和利益。

希望在朝韩首脑会晤和朝美首脑会晤中，首先能为半岛和平签署大的框架协议，然后再通过后续的协商和谈判逐步实施和取得进展，分阶段促进根本问题的实质性解决。在这个过程中，同样不能忽视在半岛问题上利益攸关的俄罗斯和日本，需要与他们积极进行沟通和协调。"好的开始是成功的一半"，朝韩和朝美之间就举行首脑会晤达成协议，便意味着在实现半岛和平的征途上已经走出了相当远的距离。就像韩国总统文在寅强调的那样，如果能像维护易碎玻璃容器那样耐心和细心管控半岛形势，我们将能更快地实现半岛的和平、稳定和繁荣。

举世瞩目的第三次朝韩首脑会晤结束了，会晤有三大重要成果：一是朝韩决定在半岛全境消除战争风险；二是朝韩发布《平壤共同宣言》，约定共建无核和平家园，朝韩第一次就无核化方案达成协议；三是进一步改善朝韩关系。金正恩委员长还表示未来将访问韩国。这三大成果表明，朝韩逐渐将解决半岛问题的主导权抓到了自己手中。众所周知，在冷战结束时，朝韩双方曾达成《朝鲜半岛无核化共同宣言》和《南北互不侵犯协定》等一系列成果。但当各方积极推动结束半岛的冷战状态时，美国打断了朝韩和解进程。以核问题为借口主导了半岛局势的发展，并且在事实上废除了《朝鲜半岛无核化共同宣言》。此后，半岛局势的发展完全由美国的态度而定。半岛局势形成的逻辑是，核问题只能在美朝之间解决。核问题不解决朝韩关系则无法根本改善。直到此次会晤时，美国的态度依然是朝韩之间的巨大障碍。因为在执行层面，美国依然坚持要求朝鲜先弃核，才可以谈其他问题。而此次朝韩决定共建半岛无核家园，则意味着半岛朝韩双方开始将核问题拉回到1991年的轨道上来。从另一个角度看，朝韩必须共同努力克服美国这个外部因素的巨大影响。

半岛无核化是一个长期的过程。自2018年年初以来，朝鲜停止了核导试验，朝鲜在丰溪里核试验场对多条坑道和附属设施进行爆破，宣布正式废弃这座核试验场，朝鲜以上述行动展示其在推动无核化问题上的诚意。对此，中朝韩多次强调，朝鲜的积极动向应该受到国际社会的欢迎、鼓励和支持。当然，只有朝鲜一方的努力是不够的，需要周边国家及国际社会积极配合，半岛无核化需要相向而行。在朝韩签署的共同宣言中，朝鲜已经就进一步落实无核化提出条件，即美国根据《6·12朝美联合声明》精神，采取相应措施。目前美国一直要求朝鲜先完成"彻底的、可验证的、不可逆转的弃核"目标,此后才能议论其他问题,但朝鲜早已驳回了这一主张。朝方指出,这并非朝美双方的共识。朝鲜不满朝美双方付出的努力不成正比,而美国不断加大制裁力度,要求其他各方配合其极限施压目标,单方面要求朝鲜采取行动。在朝鲜看来,美国此举刻意忽视朝鲜对自身的安全关切,与朝美领导会晤达成的建立新型朝美关系的目标背道而驰。由此,朝鲜指出,朝美协商未能取得进展,责任完全在美国。今后,半岛无核化的进程注定不会一帆顺风。朝鲜近期相关表态让人想起近来朝鲜半岛无核化进程遭遇的挑战。2018年8月,美国总统特朗普突然取消美国务卿蓬佩奥的访朝行程,此后,各方都担心2018年以来一度向好的半岛局势可能发生逆转。对此,中朝韩三国及时发声,表示支持朝美按照两国领导人会晤的共识来推进通过政治外交手段解决半岛问题的进程,再次凸显了中朝韩三国坚决维护半岛的和平与稳定的立场。

2018年年初开始,朝韩关系的极大改善带来东北亚局势的大变局,为朝鲜半岛和平创造了较好的内外部环境,半岛实现永久和平的内外条件正在趋于成熟。当然,朝韩关系的改善依然会面临诸多挑战,特别是来自美国以及韩国内部保守势力的挑战。但显然,朝韩此次和解有着比以往更扎实的理念基础和动力支撑,要阻挡这一发展走势也不容易。以在板门店举行的朝韩首脑历史性会晤为开端,双方有必要以此为契机继续推进朝韩首脑会晤的定期举行,加快半岛和平机制的构建。不仅如此,为了打破紧张局势,朝韩领导人应该进行实质性的会谈,而非仅重于形式。朝鲜半岛未来进入重大分水岭,往前推进朝韩和解则前途光明,半岛将逐步走向和平与繁荣,反之,半岛则会继续陷入紧张和动荡。和解与合作是半岛和东北亚地区人民的共同愿望,当前朝鲜半岛局势发展面临难得的历史性机遇。只有相关各方及时做出政治和外交决断,跳出固有的恶性循环，进一步巩固和扩大现有成果，才能使政治解决半岛问题成为可持续、不可逆转的进程。各方应继续集中力量致力于此。

在实现半岛和平、繁荣与统一，乃至促进半岛无核化、改变朝美关系方面，2018年的朝韩首脑会晤是一场富有责任感的、具有重大意义和价值的首脑会晤，理应载入史册。朝韩双方已经牵着的手不能再放开，也就是说，朝韩关系应该继续和解，双方不后退不回转。为此，朝韩必须踏实、谨慎、稳妥地推进《板门店宣言》提出的各项任务。这次朝韩首脑会晤让世界为之惊诧，但这并不是结束，朝韩双方已决定携手前行，相信未来会有更多惊喜。类似这样的惊喜越多，朝鲜半岛离和平共处、共同繁荣就越近一步。今后，中朝韩三国在共同开创半岛和平时代方面会有很大的战略合作空间。中国提出的"一带一路"倡议与韩国的半岛新经济构想蓝图及新北方政策具有时空的互补性，因为地缘相近、文化相似，朝韩两国是中国提出的与周边国家结成命运共同体的重要和首要对象国。

如今，半岛和平繁荣走上了新的路程，尽管千头万绪、途中困难重重，有许多顽疾和沉疴亟待处理，但半岛相关方，尤其朝韩一定愿为之贡献智慧、付出辛劳。我们期待朝鲜半岛走向和平与繁荣，也坚信会如此。

经济与合作

# 东北亚区域自由贸易区建设的进展与挑战

陈志恒[*]

**摘　要**　随着国际经济形势的不断变化以及全球区域经济合作的深入发展，当前东北亚区域自由贸易区（FTA）建设已受到东北亚地区相关国家的高度重视，《中韩自由贸易协定》《日蒙经济伙伴关系协定》（EPA）正在稳步实施，《中日韩自由贸易协定》谈判进程也在逐步推进。但同时，在全球国际分工体系重塑、贸易保护主义抬头以及东北亚政治安全问题犹存的情况下，东北亚的区域自由贸易区建设依旧面临巨大的挑战。从东北亚区域自由贸易区建设的进展来看，尽管发展缓慢，但毕竟还在步步前行。虽然当前依然面临各种挑战，但只要域内各国主动加强交流与合作，抓住机遇，就一定能够开辟区域合作的新局面。

**关键词**　贸易保护主义　东北亚区域自由贸易区　区域合作　逆全球化

---

[*] 陈志恒，吉林大学东北亚研究院教授。

对于亚洲或者东亚地区而言，东北亚国家间的区域合作往往被定义为一种次区域合作。作为全球最具活力的地区，东北亚区域自由贸易区建设却异常缓慢。究其原因，既有经济因素的影响，也有非经济因素的干扰；既是外部势力干扰的结果，也有域内战略分歧的原因。当前，全球贸易保护主义抬头，世界分工体系正在重构，全球经济结构进入深度调整期，东北亚区域自由贸易区建设也面临新的挑战。在这样的大背景下，处理好本区域自由贸易区建设中亟待解决的问题，推进东北亚区域自由贸易区的建设进程，对东北亚各国尤为重要。

## 一、东北亚区域自由贸易区建设的进展与特点

### （一）东北亚区域自由贸易区建设的主要进展

基于推进自由贸易区建设的组织形式不同，笔者将东北亚区域的自由贸易区建设划分为两种不同的层次类型：一是三边合作，即区域内的三国采取集体行动，其主要形式是中日韩自由贸易区；二是双边合作，即区域内的两国彼此采取双边行动，自建双边自由贸易区。东北亚区域自由贸易区的建设始于20世纪90年代末，迄今已有20年，在此期间，先后有建立中日韩三边自由贸易区及日韩、中韩、中日、日蒙、韩蒙、中蒙的双边自由贸易区合作意向，截至目前，该区域的自由贸易区建设进展不一，具体情况参见表1。

表1　东北亚区域三边及双边自由贸易区的主要进展

| 合作类型 | 合作进展 | 合作建议 | 民间机构联合研究 | 官产学联合研究 | 正式谈判 | 签署协议 |
|---|---|---|---|---|---|---|
| 三边合作 | 中日韩自由贸易协定 | √ 2002.11 | √ 2003.10 | √ 2010.5 | √ 2012.11 | |
| 三边合作 | 中日韩投资协定 | √ 2003.10 | — | √ 2004 | √ 2007.3 | √ 2012.5 |
| 双边合作 | 日韩自由贸易协定 | √ 1998.10 | √ 1998.12 | √ 2003.3 | √ 2003.12 | |
| 双边合作 | 中日自由贸易协定 | √ 2005.5 | | | | |
| 双边合作 | 中韩自由贸易协定 | √ 2004.11 | √ 2005.3 | √ 2007.3 | √ 2012.5 | √ 2015.6 |
| 双边合作 | 日蒙经济伙伴关系协定 | √ 2009.6 | — | √ 2010.6 | √ 2012.6 | √ 2015.2 |
| 双边合作 | 韩蒙自由贸易协定 | — | — | √ 2016.7 | | |
| 双边合作 | 中蒙自由贸易协定 | — | — | √ 2017.5 | | |

注：按照东亚推进区域合作的一般实践，我们将东北亚区域经济合作进程划分为合作建议、民间机构联合研究、官产学联合研究、正式谈判以及签署合作协议五个阶段。"—"为资料不详而略去。

资料来源：笔者根据有关资料自行整理制作。

## （二）东北亚区域自由贸易区推进的特点

目前，东北亚区域自由贸易区建设总体呈现如下特点：三边合作进展缓慢，双边合作发展不平衡。

1. 区域内三边自由贸易区建设缓慢

目前，中日韩自由贸易区是东北亚区域内正在建设的唯一的三边自由贸易区，但建设进程缓慢。从2002年提出合作建议到2012年宣布正式启动谈判，历时10年；从2013年首轮谈判到2017年第12轮谈判共经历4年，前后历经15年，依然没有达成最终的框架协议。这与域外的欧盟、北美自由贸易区及东盟自贸区的发展建设相比显然是滞后的，与其本身的经济与贸易规模相比也不相称。据世界银行统计，2017年，三国GDP总量合计达到18.63万亿美元，① 约占全球的20%，东亚的90%，规模仅次于欧盟、北美自由贸易区；三国的贸易总量约占世界的20%，东亚的70%，但依存度却只有19.4%，远低于欧盟自贸区的65.7%和北美自贸区的40.2%，三国存在巨大的"内部贸易"增长空间。② 如果三国成功建立自由贸易区，取消贸易壁垒，必将在一定程度上拉动本地区的经济与贸易增长。

2. 区域内双边自由贸易区建设发展不平衡

目前，在东北亚区域内共涉及六个双边自由贸易区建设，分别为日韩、中日、中韩、日蒙、韩蒙及中蒙；这六个双边自由贸易区共涉及四个国家，分别为中国、日本、韩国及蒙古国，俄罗斯尚未与东北亚区域内的其他国家建立自由贸易区。在这四国当中，中国与区域内的其他国家（日本、韩国、蒙古国）建设自由贸易区的意愿较强，中韩自由贸易区已经生效，中国对中日及中蒙自由贸易区也表现出了积极的态度；而日本对与中国建设自由贸易区却持较为消极的态度，且中日双边自由贸易区短期内启动建设的可能性很小；较早韩国对与域内的日本建设自由

---

① 世界银行2018年7月发布，2017年中国GDP总量为12.23万亿美元，世界排名第二；日本为4.87万亿美元，世界排名第三；韩国为1.53万亿美元，世界排名第十二。

② 于洋、于国政：《中日韩自贸区建设探析》，《东北亚经济研究》2018年第1期，第46—56页。

贸易区的积极性较高，但由于日韩自由贸易区谈判失败，韩国转向域外大国。当前，随着韩国"欧亚倡议"的提出，韩国对于同蒙古国以及俄罗斯主导的欧亚经济联盟分别建立自由贸易区表现出了浓厚的兴趣；《日蒙经济伙伴关系协定》生效后，蒙古国正在积极与中国和韩国建设自由贸易区。从总体上看，由于东北亚区域内各国自由贸易区的战略不同，使得该区域双边自由贸易区呈现出不平衡的发展态势。日韩、中日自由贸易区是起步最早的，但目前基本处于停滞状态，短期内恢复建设的可能性很小。《中韩自由贸易协定》《日蒙经济伙伴关系协定》已签署协议并生效。韩蒙、中蒙自由贸易区虽起步较晚，但双方均有较高的积极性，正在规划与推进。

## 二、进一步推进东北亚区域自由贸易区建设面临的挑战

随着国际经济形势的不断变化以及全球区域经济合作的深入发展，东北亚区域自由贸易区建设已受到东北亚地区相关国家的高度重视，《中韩自由贸易协定》《日蒙经济伙伴关系协定》正在稳步实施，中日韩自由贸易区谈判进程也在逐步推进。但与此同时，在全球国际分工体系重塑、贸易保护主义抬头以及东北亚政治安全问题犹存的情况下，东北亚区域的自由贸易区建设依旧面临巨大的挑战。

（一）全球分工体系的重构，增加了东北亚区域自由贸易区建设的复杂性

当前，全球分工体系和价值链体系正处于重构当中。其一，随着经济全球化和区域经济一体化的深入发展，部分发展中国家和新兴经济体依靠自身的市场规模和劳动力优势，适时承接发达国家的产业转移，工业技术水平及制造业生产的能力大幅度提升，在国际分工体系中的地位

发生明显变化。其二，美国、欧洲、日本等发达经济体为应对由全球经济危机带来的经济发展减速、世界市场萎缩造成的不利影响，纷纷调整经济发展战略，推行所谓"制造业回归"和再工业化战略，进一步加速了世界经济结构的深度调整进程。① 例如，2008 年次贷危机后，美国为重振实体经济、增加就业机会，明确提出经济增长模式从消费驱动型向出口驱动型转变，提出"再工业化"战略，② 并为此出台了一系列回归制造业的经济政策。其三，21 世纪以来，以大数据、云计算、人工智能、物联网、量子信息技术等为代表的新一轮技术革命快速发展，新技术、新产品、新业态不断涌现，推动了新兴产业发展，加快了产业结构转型，也对全球产业链和国际分工格局产生了巨大的影响。

全球分工体系的调整与重构，既为东北亚区域经济合作创造了新的机遇，同时也增加了本区域自由贸易区建设的复杂性和挑战性。首先，区域内各个经济体要在新的分工体系内，重新测算自身的产业优势和劣势，重新评估自由贸易区带来的经济影响，调整自由贸易区的建设路径和战略定位；其次，各个经济体要制定对策以应对发达经济体采取"制造业回归"战略所产生的"资本回流"影响，避免因新技术扩散、国际产业转移逆转阻碍区域经济一体化进程；最后，域内各个经济体在自由贸易区协商过程中，会因新一轮技术革命的兴起增加许多新议题，关于新兴产业之间的竞争与合作问题而进行的磋商不可避免。

（二）贸易保护主义抬头，加大了本区域自由贸易区谈判的难度

在区域自由贸易区谈判中，对本国弱势产业的保护一直以来都是影

---

① 葛扬、管陵：《全球经济结构调整的动向、特点及应对》，《群众》2013 年第 6 期，第 81—83 页。

② 黄汉权、盛朝迅：《提升我国制造业的全球分工地位》，《宏观经济管理》2014 年第 1 期，第 30—31 页。

响缔结自由贸易协定的主要因素之一。谈判各方之间的"敏感产业"在一定程度上决定着自由贸易区的谈判进程甚至成败。《日新（新加坡）经济伙伴关系协定》《韩新（新加坡）自由贸易协定》的顺利实施，以及《美韩自由贸易协定》的艰难生效、《日韩自由贸易协定》谈判的中断，都从正反两方面证明了这一点。[①] 以日本为例，《日韩自由贸易协定》与《日新经济伙伴关系协定（EPA）》一样，都是日本最先考虑的自由贸易协定，但两者的谈判进程却大相径庭。在1999年11月收到新加坡的提案后，日本从2001年1月即启动了与新加坡的谈判程序。2002年1月，协定正式签字，当年11月开始生效，从启动到实施前后不过三年时间。《日新经济伙伴关系协定》谈判之所以如此顺利，关键因素在于在此协定中新加坡并没有触及农业这一日本的敏感产业。[②] 然而，同样起步较早的日韩自由贸易区谈判却步履维艰。从1998年提出日韩自由贸易区的议题，到2003年10月官产学联合研究完成，历时五年之久。2003年12月正式谈判开始，但经过六轮磋商后又陷入僵局，至今谈判仍处于搁浅状态。究其缘由，除了历史、政治等原因外，两国在汽车关税、农产品市场开放等敏感问题上的分歧，是主要的影响因素。[③] 同样的障碍，也存在于美日自由贸易区谈判中，美国退出《跨太平洋经济伙伴关系协定》（TPP）后，希望与日本建立双边自由贸易区，但日本对此表示冷淡，原因同样还在于"敏感产业"。作为农业强国的美国，希望日本降低对本国农产品市场的保护，但日本的态度是不能超过《跨太平洋经济伙伴关系

---

[①] 陈志恒：《全球区域合作新动向与东北亚面临的新挑战》，《东北亚论坛》2014年第5期，第43页。

[②] ［日］平川均：《东亚经济一体化与日本FTA/EPA战略演进》，《日本经济蓝皮书2009》，北京：社会科学文献出版社2009年版，第358页。

[③] 徐梅：《金融危机后日本EPA战略的动向及影响》，2010年日本经济学会年会论文。

协定》谈判的标准,双方谈判一度陷入僵局。①

当前,由特朗普政府"美国优先"政策引发的贸易摩擦事件频发,全球贸易保护主义和单边主义再次抬头,这或将进一步增加区域经济合作谈判中敏感产业的"敏感性",加大东北亚区域自由贸易区谈判的难度。2008年至2010年期间,针对《美韩自由贸易协定》的批准和追加协议谈判,韩国多次爆发了大规模的群众抗议与示威,民众施压使韩国政府在农业自由化等问题上承受了巨大的压力。② 目前,中国、日本、韩国等东北亚国家在农业、汽车产业、金融服务业等领域的自由化方面还存在较大分歧,如何在贸易保护主义抬头、逆全球化思潮泛起的背景下,降低"敏感产业"的敏感性,是今后东北亚区域经济合作进程中的一项重要课题。

### (三) 战略分歧与区域安全问题,成为市区域自由贸易区建设的现实阻碍

自由贸易区作为贯彻实施国家对外经济战略的重要方式和手段,要服从和服务于一国的总体对外战略安排。也就是说,自由贸易区在建设过程中,不仅受到自由贸易区经济收益的影响,同时也要考虑国家关系、区域安全和价值理念等非经济因素。目前,东北亚各国的区域合作战略目标存在差异,以及区域政治和安全问题的存在,已经对东北亚区域自由贸易区建设构成了现实阻碍。

第一,东北亚国家自由贸易区战略布局存在差异。从20世纪90年代

---

① 《日本谋求签日美FTA 农业或成最大障碍》,新浪网,2007年7月10日,中国证券网—上海证券报,http://finance.sina.com.cn/stock/t/20070710/03201528735.shtml。

② 据韩国《朝鲜日报》报道,2010年12月3日,美韩两国就修改《美韩自由贸易协定》达成妥协,即将提交两国议会审议批准。尽管是一种妥协,但韩国在进口美国牛肉等农产品市场自由化问题上的立场仍未改变。

末开始，面对全球区域经济合作深入发展的现实，中、日、韩等国都相继调整了以往对区域合作的漠视政策，转而实行多边与双边合作共进的"双轨"战略。毋庸置疑，这些战略转变为东北亚区域自由贸易区的建设提供了基本前提。但值得注意的是，自由贸易区战略本身是一种充满博弈色彩又缺乏相互协调的"竞争性合作"战略。[①] 受到本国的国家战略以及国家间关系的共同影响，东北亚区域自由贸易区在本地区相关国家自由贸易区战略中的地位并不一致。其一，中国在重点推进与"一带一路"沿线国家建立自由贸易区的同时，将加快东北亚区域经济一体化置于优先考虑的地位，积极倡导与韩国和日本建立中日韩自由贸易区。其二，日本的自由贸易区战略布局，在很长一段时期内都曾是以东亚为中心、东盟为基础，优先除中国以外的亚太国家和地区。[②] 日本的这种战略规划，既是出于对农产品市场开放的担忧，更是其实施"价值观外交"、对中国推行"牵制外交"的具体表现，[③] 其目的实际上是要恢复和强化自身在东亚的领先地位，制衡中国在东亚事务中的主导权。在美国退出《跨太平洋经济伙伴关系协定》后，因应国际经济环境的变化，日本开始关注东北亚市场，但至今没有明确把中国作为区域经济合作的优先考虑对象。其三，目前，韩国已基本放弃当初充当中日韩自由贸易区"桥梁"的战略定位，由最初的优先与日本等东北亚国家合作，到优先考虑与欧、美、加拿大等大型经济体合作，再到现在的重点与中国等大型新兴经济体合作。这种"多轨"区域合作战略的形成，既有农业问题的影响，还与东北亚地区政治互信缺失有关，也有利用同欧盟、美国等大型经济体

---

[①] 沈铭辉：《亚洲经济一体化——基于多国 FTA 战略角度》，《当代亚太》2010 年 4 期，第 45—71 页。

[②] 徐梅：《金融危机后日本 EPA 战略的动向及影响》，2010 年日本经济学会年会论文。

[③] 赵宏伟：《东亚区域一体化进程中的中日关系》，《世界经济与政治》2010 年第 9 期，第 28 页。

进行合作，争取与中、日谈判的有利地位的考虑。① 总之，东北亚主要经济体区域合作战略方向错位，在一定程度上影响了区域自由贸易区的建设进程。

第二，地区安全问题不时凸显，极易破坏合作氛围。冷战结束后，东北亚区域经济合作并未如当初人们所设想的那样顺利，这在很大程度上源于本地区国家间存在的领土纠纷和区域安全问题带来的羁绊。东北亚地区复杂多变的政治与安全形势已对区域合作进程构成了严重干扰：其一，本地区安全机制缺失、政治互信脆弱。由于历史原因，二战后东北亚地区并未建立起稳固的安全机制和框架。朝鲜半岛至今仍处于临时停战状态，加上外部势力的插手，朝核问题、萨德问题严重影响着朝韩关系、中韩关系乃至中朝关系的发展。同时，由于日本右翼对二战历史的错误认识引发的慰安妇、历史教科书等问题，也对中日、韩日和朝日、俄日关系产生了严峻考验。其二，领土主权纠纷尚存。目前，中日之间围绕钓鱼岛归属、韩日之间围绕独岛（竹岛）归属、俄日之间围绕南千岛群岛（北方四岛）归属的领土主权争端，在一定程度上阻碍了东北亚地区国家间关系的发展，损害了本地区本已脆弱的政治互信，对区域经济合作造成了极大的负面影响。

## 三、东北亚区域自由贸易区建设的未来走势与出路

从东北亚区域自由贸易区建设的进展来看，尽管发展缓慢，但毕竟还在步步前行。虽然当前依然面临各种挑战，但只要域内各国加强交流与合作，抓住机遇，就一定能够开辟区域合作的新局面。

---

① 刘重力等：《中日韩 FAT 战略比较研究》，《东北亚论坛》2008 年第 1 期，第 55—56 页。

### (一) 抓住全球经济结构调整的有利时机

当前,世界经济进入结构性调整期,发达国家运用一系列手段和政策,促使制造业回流,新兴经济体也在不断调整产业结构,促使制造业升级,发达国家和新兴经济体之间的分工体系正在重构,这给世界贸易格局带来了深刻的变化。东北亚区域三大主要经济体中国、日本、韩国也在进行产业结构调整,中国作为新兴经济体通过供给侧结构改革促使制造业向高端发展,日本和韩国作为发达经济体也在努力升级产业结构,中、日、韩三国产业竞争性增强的同时,分工也愈加细化,联系也更加紧密,竞争与合作同时并存。因此,三国需正确看待这种竞争与合作,抓住全球经济结构调整的有利时机,在竞争中加强合作,以提高区域整体制造业水平。

20世纪90年代以前,中、日、韩三国在国际分工格局中基本上是一种以垂直分工为主的"雁行模式",即经济最发达的日本领先,新兴工业化经济体韩国紧随其后,中国居于再后。三个层次的国家出口分别集中在资本与技术密集型产品、劳动密集型产品和初级产品上,三国产业结构存在较强的互补性。20世纪90年代以后,随着日本经济的停滞与衰退以及韩国经济的起飞和中国经济的迅速发展,中日韩三国产业结构的差距逐渐缩小,制造业均已成为其主导产业。韩国的资本、技术密集型产业已占主导地位,中国的劳动密集型产业占主要优势的同时,资本、技术密集型产业也在不断发展,三国在资本与技术密集型产品贸易上的竞争日趋激烈。与此同时,三国的贸易结构已逐渐从产业间向产业内及产品内贸易转变,三国的联系也更加紧密。当前,世界经济复苏乏力,全球产品市场萎缩,中、日、韩三国需正确认识区域经济合作的必要性,实现跨国产业链的进一步对接与升级,从而建立区域内高水平的生产网络，使三国产品在国际市场上更具竞争力。

（二）积极应对"逆全球化"带来的影响

自2008年全球金融危机以来，世界经济进入漫长的衰退期，新一轮"逆全球化"现象涌现，并于近两年集中爆发。2016年英国脱欧，2017年美国退出《跨太平洋伙伴关系协定》，"逆全球化"浪潮日益高涨，全球化遭遇前所未有的挑战。作为世界经济最具活力的东北亚地区，各国经济的发展得益于市场化，全球化的发展拓宽了各国的经济边界，为其带来了经济利益。当前，面对欧美发达资本主义国家掀起的贸易保护主义热潮，东北亚各国应积极应对，反对单边主义和保护主义，顺应经济全球化的发展趋势，全面推进区域经济合作。

2017年中国共产党第十九次全国代表大会的报告中明确指出："要同舟共济，促进贸易和投资自由化便利化，推动经济全球化朝着更加开放、包容、普惠、平衡、共赢的方向发展。"① 以此为基准，中国坚定地推进"一带一路"倡议，加快与"一带一路"沿线国家的贸易和投资自由化便利化的谈判进程。东北亚其他国家也在继续推进经济合作。日本的安倍政府把"全面推进区域经济合作，抢占区域经济合作战略先机"作为对外经贸战略的优先方向，② 并付诸实施。在亚太方面，日本统领11国签署了《跨太平洋伙伴全面进展协定》（CPTPP）；在欧洲方面，《日欧经济伙伴关系协定》成功签署。在韩国方面，2017年5月，文在寅就任韩国总统，在贸易政策方面继续以自由贸易政策为指导，强化通商外交力量，积极推进与新兴经济体的自由贸易区建设。俄罗斯则在2016年6

---

① 赵放：《全球化深入发展大势不可逆》，《东北亚论坛》2018年第5期，第39—44页。
② 江瑞平：《三面出击：日本抢占区域合作战略先机》，《世界知识》2018年第15期，第20—21页。

月由普京总统提出建立"大欧亚伙伴关系"倡议,该倡议以欧亚经济联盟为基础,发展对外区域经济合作。2017年5月,蒙古国政府通过了"发展之路"的国家战略规划,①该规划明确指出,参与区域经济合作成为额尔登巴特政府发展经济的重要思路。在世界"逆全球化"思潮泛滥的背景下,东北亚各国在积极推进域外自由贸易区战略的同时,也重视域内区域经济合作进程。2018年5月,中日韩领导人会议时隔两年半重新启动,三国领导人一致表示,要加快推进中日韩自由贸易区谈判,目前,尽快完成该谈判已成为东北亚区域经济合作的首要议题。

### (三) 正确处理区域内自由贸易区建设与对外合作的关系

在东北亚的区域自由贸易区建设中,域外因素,尤其是美国因素不容忽视。这不仅仅是因为,美国在二战之后通过构筑美日同盟、美韩同盟,强化了在该地区的军事存在、战略利益和政治影响。更重要的是,在冷战结束后,以战略重心东移为契机,美国与中日韩等国家建立了紧密的经济联系。进入21世纪,美国开始积极介入东北亚区域合作事务,以同东北亚国家缔结双边自由贸易协定为切入点,对东北亚地区进行经济"切入"。因此,如果说美国以与日本韩国的同盟关系为支柱,塑造了美国主导的东北亚地缘政治,那么,目前美国正以双边经济合作作为另一个支柱,重塑有利于美国的东北亚地缘经济。

正因为如此,东北亚各国要处理好区域内自由贸易区建设与对外经济合作的关系,尤其要处理好与美国的关系。东北亚区域内的中日韩自由贸易区建设将有助于中日韩三国经济的进一步融合,但这并不意味着这一区域就此走向封闭,恰恰相反,东北亚国家在致力于自由贸易区建

---

① 范丽君:《蒙古国"发展之路"与东北亚区域经济合作探析》,《东北亚学刊》2018年第4期,第45—49页。

设的同时，需重视和发展同美欧等发达国家的经贸关系，避免自我封闭或遭受对方的贸易歧视，导致该区域的经济合作付出更大成本。[①] 中国尤其要处理好与美国的关系，加强与美国在政治、军事、经济等多方面的交流与合作，增强中国和美国之间的相互信任，同时加强两国利益上的依赖，以使美国能在最大程度上对东北亚自由贸易区建设给予理解和支持。

### （四）理性对待自由贸易区谈判中的敏感产业

"敏感产业"是自由贸易区谈判的难点所在，但这一障碍也并非不可逾越。在东北亚区域，农产品自由化问题就是"敏感产业"难题的集中体现之一。多年实践表明，东北亚各国能否理性对待敏感产业，尤其是"农业开放问题"，事关东北亚区域合作的未来发展。

笔者认为，在东北亚区域自由贸易区的建设中，贸易自由化中的农业问题不能回避、也无法回避，原因如下。

首先，日、韩两国农业都具有生产规模小、劳动生产率低、自给率低等共同弱点，因此，两国都认为保护弱势产业合情合理，农业应当成为自由化的例外加以对待。

其次，日、韩都强调农业的敏感性和多功能性，农产品市场开放事关农民的切身利益、民族情感和食品安全等诸多问题。

最后，围绕农业自由化的政党博弈、民众抗议，已然使日、韩的农业自由化问题演变为国内政治问题和社会问题，各国政府无法回避。尽管如此，笔者也不认为这一障碍一定不可逾越，这是因为：第一，顺应区域经济合作发展趋势，应对周边自由贸易区大发展的挑战，放松对农

---

[①] 张长新：《全球金融危机背景下的东北亚区域经济合作》，吉林大学博士论文，2011年，第126页。

产品市场的保护已是大势所趋。对此,日本外务省的《日本 FTA 战略》指出,日本在推行自由贸易协定/经济伙伴关系协定的过程中,如不能忍受市场开放的阵痛,就不能确保自由贸易协定/经济伙伴关系协定的利益。在韩国,从 2003 年开始,其自由贸易区战略也从过去的"最小化费用"原则,即偏重关注最小化自由贸易对国内农业等劣势产业的冲击与成本,转变为强调实施利益最大化的政策。① 这就意味着,两国已在农业自由化问题上发出了一些积极信号。第二,日本已在推进国内农业结构改革方面采取措施,以期为贸易自由化创造条件。2010 年,由日本首相领衔的"食品与农林渔业再生推进本部"成立,其目的就是通过推进农业改革,提高农业生产力以增强其国际竞争力,减少区域合作的阻力。第三,在农业领域,中、日、韩三国既有同质性,又有异质性,这就决定了三国农业合作的必要性和可能性。② 第四,在《跨太平洋经济伙伴关系协定》《韩美自由贸易协定》谈判的实践中,农产品自由化问题已有突破先例的情况出现,这说明"敏感产业"的"脱敏"具有可能性。

---

① 许祥云:《从韩国 FTA 政策变化历程看中韩 FTA 的前景》,《当代韩国》2009 年秋季号,第 9 页。

② 金凤德、金萍:《"农业问题":不应成为东北亚经济一体化的障碍》,《全国日本经济学会 2010 年年会论文集》,第 453 页。

# "一带一路"与蒙中俄经济合作

[蒙] 那·图木尔*

**摘 要** 中国提出"一带一路"倡议,得到蒙古国和俄罗斯的积极响应,蒙中俄经济合作密切、前景广阔,蒙中俄经济走廊建设具有非常重要的意义。蒙古国和中国是友好邻国,蒙中应加快"一带一路"倡议同蒙方"发展之路"的战略对接。

**关键词** "一带一路" 蒙中俄经济走廊 "发展之路" 战略对接

蒙古国、中华人民共和国和俄罗斯联邦同属东北亚国家,三国的经济发展对东北亚的经济发展具有直接影响,蒙中俄经济合作是东北亚区域经济合作的重要组成部分,蒙古国同东北亚各国的经济合作不仅有助于本国经济的发展,对该地区的经济合作也具有重要意义。因此,蒙古国一直重视并积极参与东北亚区域经济合作。

中华人民共和国主席习近平于2013年9月7日提出了共同建设"丝绸之路经济带",同年10月3日提出了共同建设"21世纪海上丝绸之路"。两者共同构成了"一带一路"重大倡议。2018年是"一带一路"倡议提出五周年。目前,中国已经与一百多个国家和国际组织签署了共建"一带一路"的合作文件。中国提出共建"一带一路"倡议后,得到

---

\* 那·图木尔,蒙古国科学院国际关系研究所首席研究员、教授。

了蒙古国和俄罗斯的积极响应和参与。

  蒙中俄三国毗邻而居,互为战略伙伴,彼此守望相助、互尊互信、互学互鉴、互利共赢。三国高层交往密切,为三国间的合作发展奠定了重要基础。自 2014 年以来,蒙中俄三国元首举行了四次会晤,三方就增进互信和战略沟通、促进互利共赢合作、实现优势互补、推动共同发展达成了一系列重要共识,为三国合作指明了方向。在 2016 年 9 月举行的第三次三国元首会晤期间,蒙中俄三方签署了《建设蒙中俄经济走廊规划纲要》(简称《规划纲要》)。《规划纲要》以实现"一带一路"和"发展之路"及"欧亚大通道"的对接为目标,明确了三方的具体合作领域、资金来源和实施机制,商定了一批重点合作项目,涵盖了基础设施互联互通、产业合作、口岸现代化改造、能源合作、海关及检验检疫合作、生态环保合作、科技和教育合作、人文合作、农业合作、医疗卫生合作等重点合作领域。这一纲要是基于"一带一路"倡议的第一个多边合作规划纲要,其正式实施也标志着蒙中俄经济走廊建设进入了快速发展的关键时期。在蒙中俄经济走廊框架下的三国务实合作已经取得了丰硕成果,并在三国领导人的共同关心下不断向前发展。2018 年 6 月,三国元首在上合组织青岛峰会期间举行了第四次会晤,全面总结三方合作进展和成果,共同规划下一阶段的优先任务和方向。2018 年 9 月,三国元首在俄罗斯远东城市符拉迪沃斯托克共同出席了第四届东方经济论坛,期间分别举行了双边会晤。会晤中,各方都提到了要加快对接,积极落实《蒙中俄经济走廊规划纲要》,继续推进蒙中俄经济走廊建设。2016 年 6 月 23 日,三国在塔什干共同签署《建设蒙中俄经济走廊规划纲要》,这一纲要是基于"一带一路"倡议的第一个多边合作规划纲要,不仅对三国经济的共同发展意义深远,也将为东北亚区域经济,特别是为蒙中俄相邻地域的基础设施建设和经济发展带来巨大利益。共建蒙中俄经济走廊的最终目标是通过推动三国经济社会共同发展,让三国人民共享发展成果,实现共同富裕。

蒙中俄经济合作密切,前景广阔,特别是双边经贸合作发展迅速。2017年,中国对蒙古国直接投资总额超过40亿美元,约占蒙古国吸收外资总额的30%。中国企业在蒙古国完成的承包工程业务额约为90亿美元。中国对俄直接投资22.2亿美元,同比增长75%。在俄新签的工程承包合同额为77.5亿美元,同比增长191%。[1] 蒙中俄三国联系紧密,拥有非常好的经济合作基础,具有拓展和深化合作的高度共识。三国相关方积极推动落实三国确定的合作目标,经济贸易互补性逐渐显现,经贸合作不断深化,三国在贸易投资自由便利化、消除贸易壁垒、降低投资贸易成本方面的合作都取得了良好的成效,为实现三国经贸互利共赢奠定了坚实的基础。2013—2017年,蒙中两国贸易总额达到290亿美元,在蒙古国对外贸易总额中的占比达59.3%。2018年前7个月,俄中两国贸易额已经达到583.5亿美元,同比增长25.8%,预计全年将突破1000亿美元,俄中两国贸易合作发展必将创造新的纪录[2]。

基础设施建设、再生能源利用、生态环境保护、旅游业发展等领域是蒙中俄三国经济合作也是蒙中、中俄两国经济合作的重要组成部分。蒙中俄三国在铁路运输、旅游业发展方面前景广阔。据报道,截至2018年8月26日,中国过境蒙古国和俄罗斯的中欧班列累计开行数量达到1万列,到达欧洲15个国家43个城市。[3] 中俄两国在基础设施领域的合作

---

[1] 《中蒙俄经济走廊建设:共同机遇与共同发展》,2018年11月12日,信息来源:内蒙古经济信息网,http://www.nmg.gov.cn/art/2018/11/12/art_1521_238728.html。

[2] 《中蒙俄经济走廊建设:共同机遇与共同发展》,内蒙古经济信息网,2018年11月12日,http://www.nmg.gov.cn/art/2018/11/12/art_1521_238728.html。

[3] 《"一带一路"五周年成果:103个国家与国际组织、118份协议》,扬州市发展改革委员会,2018年8月26日,http://fgw.yangzhou.gov.cn/yzfgw/kfxjj/201808/5f4302b4bffe40a2960bee32c7928ea5.shtml。

密切。中国铁建股份有限公司在莫斯科修建三座地铁站及站点间隧道的工程已经开工建设，中国有大约 500 名工人和工程技术人员参加该工程的建设。按照合同规定将在 2019 年完成整个工程。工程起标价为 250 亿卢布，中国铁建以 229.8 亿卢布（约合 22.98 亿人民币）的价格中标。莫斯科—喀山高铁是俄罗斯第一条高速铁路，计划投资总额为 270 亿美元，拟于 2018 年第四季度开工建设，2024 年竣工。高铁总长约 770 公里，列车行驶时速可以达到 400 公里，铁路建成后莫斯科至喀山的运行时间将从 14 小时缩短为 3.5 小时。① 中俄经济合作的另外一个重要领域是能源领域。2018 年 1 月 1 日，俄罗斯原油经中国石油管道公司莫河站顺利进入中俄原油管道二线，标志着中国第二条原油进口通道正式投入商业运营。中国每年从俄罗斯经过东北通道进口的原油将从 1500 万吨增至 3000 万吨。② 中俄能源合作重大项目亚马尔液化天然气项目于 2017 年启动投产。亚马尔项目是中国提出"一带一路"倡议后在俄罗斯实施的首个特大型能源合作项目。项目位于俄罗斯境内的北极圈内，是目前全球在北极地区最大型液化天然气工程。项目的天然气可采储量达到 1.3 万亿立方米，凝析油可采储量 6000 万吨。按照项目设计，将建成 3 条年产量 550 万吨液化天然气的生产线，全部投产后每年可生产液化天然气 1650 万吨，凝析油 120 万吨。根据中俄两国签署的协议，中国将从 2019 年开始每年进口 300 万吨液化天然气。③ 亚马尔项目将带动俄罗斯能源产业发展，丰富中国的清洁能源供应。

---

① 《莫斯科—喀山高铁拟于今年开工 未来可延伸至叶卡捷琳堡和北京》，环球时报，2018 年 7 月 21 日，http：//www.sohu.com/a/242478982_114731。

② 《中俄原油管道二线正式运营，东北通道年进口量倍增》，中国石油新闻中心，2018 年 1 月 2 日，https：//www.fx678.com/C/20180102/201801021440052110.html。

③ 《中俄亚马尔液化天然气项目提前一年竣工》，中国一带一路网，2018 年 11 月 25 日，https：//www.yidaiyilu.gov.cn/xwzx/hwxw/72617.htm。

《建设蒙中俄经济走廊规划纲要》明确了经济走廊建设的具体内容，商定了包括生态环境保护在内的合作项目。蒙中俄经济走廊建设需要一个良好的生态环境。生态环境保护合作是蒙中两国经济合作的重要组成部分。生态环境保护的途径之一是再生能源的利用。因此，再生能源领域的合作也是蒙中两国经济合作的重要组成部分。两国在加深自然保护区建设、湿地保护、森林与草原防火、荒漠化领域的合作有助于两国经济的发展。蒙中两国在再生能源利用领域的合作前景广阔。两国都具有丰富的风能、太阳能及水资源。

2017年5月12日，中华人民共和国总理李克强会见出席"一带一路"国际合作高峰论坛的时任蒙古国总理额尔登巴特。李克强总理表示，中方愿意加快"一带一路"倡议同蒙方"发展之路"的战略对接，加大对跨境口岸建设和跨境经贸合作的投入，做好中蒙自由贸易区联合可行性研究相关工作、提升两国经贸合作水平。落实好住宅建设、农畜产品深加工、能源资源利用等领域达成的合作共识、更好实现互利共赢、共同发展。额尔登巴特总理表示，愿同中方对接发展战略，挖掘合作潜力，加强矿产、农牧、住宅建设、跨境贸易口岸建设、环保以及可再生能源等领域的务实合作。

2018年4月8—12日，蒙古国总理呼日勒苏赫应中华人民共和国总理李克强邀请对中华人民共和国进行正式访问。访问期间，两国总理举行会谈，双方签署相关协议。4月9日，呼日勒苏赫总理在会谈中指出，"蒙方愿同中方加强政治互信，保持高层互访，深化经贸合作，加强战略对接，拓展在贸易、旅游、产能、农牧业、运输等领域的务实合作，推动蒙中全面战略伙伴关系提质升级"。李克强总理指出，"中蒙面临发展经济、改善民生的重任。中方愿同蒙方发挥经济互补与地理毗邻优势，加强中方'一带一路'和蒙方'发展之路'对接落地，加强产能、投资、农业深加工、能源矿产、过境运输等合作，稳步推进棚户区改造、污染治理、城市及口岸基础设施等民生项目合作，造福两国人民"。① 会谈后，两国总理共同见证了包括《蒙古国政府和中国政府间乌兰巴托新建中央污水处理厂项目互谅备忘录》等经贸、人文、产能、环保等多份双边合作文件的签署。

蒙中两国经济合作密切，不断向前发展。蒙古国与中华人民共和国的经济合作在平等互利的原则基础上稳定发展。经济合作使两国已经达到高峰的政治关系更加巩固。高层次的互相访问对加深蒙古国同中华人民共和国间各方面关系的稳定发展具有重大意义。

2014 年 8 月，中华人民共和国主席习近平应蒙古国总统查·额勒贝格道尔吉邀请对蒙古国进行了国事访问。访问期间两国元首签署联合宣言，宣布将两国关系提升为全面战略伙伴关系。《蒙古国和中华人民共和国关于建立和发展全面战略伙伴关系的联合宣言》中指出，双方商定，积极展开经济合作，造福两国和两国人民。中方强调，将继续本着互利共赢原则开展对蒙合作，愿同蒙古国分享发展成果，实现共同发展。蒙方强调，扩大同中国的经贸合作符合蒙古国的利益。双方将继续本着矿产资源开发、基础设施建设、金融合作"三位一体，统筹推进"原则开展全方位互利合作。

应中华人民共和国主席习近平的邀请，蒙古国总统查·额勒贝格道尔吉于 2015 年 11 月对中华人民共和国进行了国事访问。访问期间，习近平主席同额勒贝格道尔吉总统举行会谈。两国就深化发展蒙中全面战略伙伴关系发表声明。声明中指出，扩大贸易、投资、经济互利合作是深化发展两国全面战略伙伴关系的主要支柱。双方认为，中方"一带一路"

---

① 《中蒙外长会谈达成七项共识 加快"一带一路"同"发展之路"对接落地》，中国一带一路网，2018 年 8 月 27 日，https：//www.yidaiyilu.gov.cn/xwzx/gnxw/63783.htm。

和蒙方"发展之路"发展战略对接将创造新的合作机遇。双方将加快推进倡议全面对接，积极探讨商签两国政府间关于发展战略对接的协议。双方支持在落实"一带一路"倡议的框架下，蒙方同亚洲基础设施投资银行、丝路基金等金融机构就本地区基础设施建设大型项目融资开展合作。

2016年6月23日，蒙古国总统额勒贝格道尔吉、中华人民共和国主席习近平、俄罗斯联邦总统普京在塔什干举行了蒙中俄元首第三次会晤。额勒贝格道尔吉总统表示，蒙中俄达成经济走廊规划纲要十分重要。蒙方愿同中俄一道，推进交通基础设施建设，加强边境地区经济合作。蒙方希望加强同中俄在农业、救灾减灾等领域的合作。在蒙古国、中国、俄罗斯三国元首的共同见证下，三国有关政府部门于2016年6月23日签署了《建设蒙中俄经济走廊规划纲要》。该纲要明确了经济走廊建设的具体内容、资金来源和实施机制，商定了32个重点合作项目，涵盖了基础设施互联互通、产业合作、口岸现代化改造、能源合作、海关及检验检疫、生态保护、科技教育、人文交流、农业合作及医疗卫生十大重点领域。习近平主席表示，三方要落实好《建设蒙中俄经济走廊规划纲要》，推进交通基础设施互联互通、口岸建设、产能、投资、经贸、人文、生态保护等领域的合作，协力实施重点项目，推动蒙中俄经济走廊建设尽快取得阶段性成果。三方要积极探讨开展三国跨境经济合作区建设，加强产业对接，推进三国毗邻地区次区域合作，带动三国毗邻地区共同发展。建设"蒙中俄经济走廊"需要一个良好的生态环境。2016年签署的《建设蒙中俄经济走廊规划纲要》，明确规定了生态环保合作的内容。长期以来，沙尘暴频繁袭击包括蒙古国、中国等相关国家和地区，严重破坏了地区的交通运输等基础设施和阻碍经济社会的持续发展，沙尘暴的危害必将影响蒙中俄经济走廊的顺利实施。因此，借助"蒙中俄经济走廊"的大好背景，蒙中两国联手俄罗斯进行防治沙尘暴，对从根本上消除或减少沙尘暴的危害，促进三国经济走廊建设具有重要意义。

蒙古国近年来一直在采取措施防治荒漠化。蒙古国政府于 2005 年制订并通过了"绿色城墙"防护林带建设计划，即从 2005 年开始在 30 年里建成长 3000 公里、宽 500 米到 1000 米的林带。这条林带将横跨蒙古国的 12 个省份，其中包括与中国接壤的 8 个省份。[①] 治理荒漠化对蒙古国来说，是一个迫切需要解决的问题。蒙古国在治理荒漠化问题上应该向中国学习经验。蒙中两国有 4600 多公里的边界线，边界两侧多是沙地，两国都受到沙尘暴的危害，蒙古国需要在这方面与中国开展合作，特别是需要中国的专家前来指导造林工程。中国在防沙治沙、退牧还草等方面积累了丰富的经验，有先进的治沙技术。这对蒙古国来说非常重要。"绿色城墙"计划面临的最大问题就是该地区的水源缺乏，需要从中国学习先进的蓄水灌溉技术。

水是人类生存必不可少的条件，特别是水质优良的饮用水对人民大众的身体健康具有重大意义。蒙古国的河流总长为 6.7 万公里。有大小湖泊 4000 多个，泉源 7000 多个。此外还有丰富的地下水资源。蒙古国北部的水资源水质好且没有任何的污染，因此是理想的饮用水。蒙古国境内最大的淡水湖库苏古尔湖也是中亚最深的湖泊，其水质与贝加尔湖相同。色楞格河是蒙古国最大的河流，注入贝加尔湖。蒙古国的一些水利专家建议北水南调。因为蒙古北部的水资源比南部的丰富很多。中国实施南水北调的宏伟计划，并且已经取得成果。蒙古国如果实施北水南调计划，需要与中国进行合作、学习经验。如果这个计划能够顺利实施，不仅可以解决蒙古国南部各省的用水问题，还可以把优质的水出口给中

---

① 《蒙古下决心治沙要造"绿色长城"》，新闻晨报，2006 年 4 月 11 日，http://news.sina.com.cn/w/2006-04-11/03208662092s.shtml。

国北部需要的地区。

水资源合作是蒙中经济合作的重要组成部分。额勒贝格道尔吉总统在2015年对中国进行国事访问期间，发表了《蒙古国和中华人民共和国关于深化发展全面战略伙伴关系的联合声明》（以下简称《联合声明》）。《联合声明》指出，双方今后将巩固治理荒漠化、应对气候变化、抗击自然灾害和森林草原火灾、水利资源利用和保护等领域合作。由中国水电十一局承建的泰西尔水电站于2008年建成并发电。水电站位于蒙古国西部地区的戈壁阿尔泰省与扎布汗省交界处。泰西尔水电站建成投产为蒙古国西部地区的经济发展注入新的活力，改善了两省人民的居住环境。由中国上海外经（集团）有限公司在位于科布多省承建的水电站——都日根水电站于2010年建成投入使用，该水电站可以基本满足蒙古国西部三省的电力需求。都日根水电站的建成对于改善蒙古国西部地区电力供应具有重要意义。该项目成为中国公司在蒙古国承建项目的典范，为科布多省乃至蒙古国经济发展做出巨大贡献。

蒙古国是完全保留了游牧文化的世界少数地区之一。畜牧业在蒙古国国民经济中占有非常重要的地位，它不仅是蒙古国的传统基础产业，也是保证国家经济安全的战略产业。未受工业污染的草地、森林、湖泊、河流是生产绿色肉类食品的有利条件。这些绿色产品无疑有益于人民健康。蒙中两国除了在发展牧业方面进行合作外，中国还可以投资或蒙中合资建立肉类食品（冷冻鲜肉、肉类罐头等）、乳制品（鲜牛奶、鲜马奶酒、奶油、奶粉、奶酪）等畜产品加工厂，产品除了在蒙古国国内销售外还可以出口到中国。因为这些产品是对健康有益的绿色食品，一定会受到中国消费者的欢迎。

蒙古国与中国在种植业方面也有广阔的合作前景。适合于种植业的（没有被工业污染，且不需要化肥）肥沃土壤主要分布于蒙古国草原地带，海拔1000—1400米的杭盖、肯特地区和蒙古阿尔泰、鄂尔珲、色楞格、鄂嫩、乌勒兹河谷。这些土壤里含6%—12%、厚度为40—70厘米的腐殖质。另外还有栗钙土壤分布于森林、草原地带，海拔为1000—1200米的地区。栗钙土壤分为腐殖质为3%—5%的黑栗钙土壤和腐殖质为2%—3%的淡栗钙土壤，栗钙土壤可以种植各种农作物，不需要人工灌溉，雨水充沛的年份稳获丰收。以上的有利条件是发展绿色种植业的主要因素。中国可以投资或蒙中合资建立蔬菜种植场，开展目前在蒙古国还没有的蔬菜品种的种植，蒙古国也需要中国的蔬菜种植专家帮助培训种植蔬菜的技术人员。

蒙中两国可以在以下地区进行合作建立疗养院和旅游基地，如：位于蒙古国西部的科布多省。该省的南部与中国接壤。阿尔泰山脉穿过该省，有科布多、布勒干、布彦特、曾赫尔等大小河流以及哈拉乌斯（又译作哈尔乌苏湖）、哈尔淖尔、多尔根等湖泊。这里有丰富的药材和食用野生植物，同时也有种类繁多的野生动物，其中有盘角羊、野山羊、猞猁、羚羊、豹、野骆驼等。自然风景有哈布塔盖、查干布日嘎斯、图尔根、呼和色日瀑布，云德尔特、巴特尔、布里雅斯泰、乌音奇、宝敦奇、布特高陡峭的峡谷，色特日毛都、乌兰山峰、诺拉莫特、查黑尔、曾赫日山洞等风景区。位于蒙古国北部的库苏古尔省有可以与贝加尔湖媲美的库苏古尔湖。库苏古尔湖的湖水清澈，水质优良，湖的附近有原始森林，在林区生长着营养价值很高的白木耳之类的多种野生植物，森林面积约占全省面积的30%。在库苏古尔省有大大小小50多个矿泉，其中包括温泉。该省省会木伦市距首都乌兰巴托671公里，有定期的航班联通。

位于蒙古国东部的肯特省、东方省、苏赫巴托省具有特别重要的意义，这些省交通条件便利。肯特省地处肯特山脉和克鲁伦河、鄂嫩河、乌勒吉河流域，该省绝大部分地区为森林草原地带，拥有广阔的牧场。

有古尔班淖尔、阿布拉嘎陶顺、塔尔等温泉。该省8%的面积为针叶和落叶林所覆盖，有丰富的药材和食用野生植物，有鹿、貂、麝、貉等珍奇野生动物及其他动物。呼尔赫格湖、胡塔格山等风景区是吸引众多国内外游客的好地方。肯特省与首都乌兰巴托有航空和公路运输干线相连接，有现代的通信设施。东方省位于蒙古国的最东部，东北部与中国的内蒙古自治区接壤，北部与俄罗斯联邦接壤，优越的地理条件为该省开展对外经贸联系提供了便利。东方省地势平坦，北部有肯特山脉支脉、东部有大兴安岭山脉支脉，有优质的牧场，草原土壤植被几乎覆盖全境。克鲁伦河、鄂嫩河、乌勒吉河提供了水利灌溉的保证。该省有外国游客喜爱的美丽风景区，一望无际的大草原，水量丰沛的河流湖泊和享有盛名的飞禽走兽，如马鹿、褐熊、野猪、旱獭、猞猁、沙狐、麝等。该省境内有铁路可以通往俄罗斯。苏赫巴托省位于蒙古国的东南部，与中国内蒙古自治区接壤。该省有16个湖泊，4条河流，多处治疗效果良好的温泉，盛产牧草和药材。有狼、狐狸、兔、短尾黄羊、旱獭等丰富的动物资源。苏赫巴托省距首都乌兰巴托550公里，有公路运输干线相连接。

  我们愿意尽可能利用以上地区的有利条件，促使蒙中两国在该地区合作建立疗养院和旅游基地。但首要条件是畅通的道路交通。因此我们首先需要发展该地区的道路交通，从而为蒙古国增加外国投资和吸引更多外国疗养者、游客等创造条件。这一切不仅有利于蒙古国的保健、旅游业的发展，也有利于蒙古国的经济发展。蒙中两国通过跨境旅游合作，既能加深两国人民友谊，也会为两国经济合作发展提供良好机遇。

  蒙中俄三国相邻，旅游资源独特而丰富。仅就三国的东部地区而言，蒙古国东部的沙漠和草场，中国东部的长白山及其生物保护圈，横跨中俄两国的乌苏里江，俄罗斯的远东海洋自然保护区等为蒙中俄三国国际旅游业的发展提供了优越的物质条件。蒙中俄三国通过跨境旅游合作，加深了三国人民的友谊，能为三国经济贸易合作提供良好的机遇。三国人口众多约有 15 亿，市场潜力巨大，联合发展旅游业可优势互补，促进三国旅游业共同发展。三国开展跨境旅游合作，把"发展之路"和"一带一路"及"欧亚大通道"进行对接，打造蒙中俄经济走廊，无疑有利于三国的经济发展。

# 东北亚服务贸易开放度分析

韩磊 王小梅[*]

**摘 要** 研究发现，东北亚国家总体服务贸易开放度高，在跨境交付、境外消费、商业存在、自然人流动四种服务贸易提供模式中，对模式3商业存在的贸易壁垒较低，模式4自然人流动的贸易壁垒较高。其中，东北亚国家在金融服务部门、零售分销部门贸易开放度较高，电信部门、专业服务部门开放度较低。中国、日本、韩国、蒙古国、俄罗斯五国的贸易开放度不尽相同。蒙古国、俄罗斯总体开放度高，日本、韩国总体开放度较高，而中国总体开放度低，且在多个服务贸易部门呈高贸易壁垒状态。

**关键词** 东北亚 服务贸易 贸易开放度 贸易限制指数

## 一、引言

在经济发展进程中，第一产业、第二产业比重逐渐下降，第三产业比重逐渐上升，其中服务贸易极大地推动了世界经济的发展。在经济全

---

[*] 韩磊，山东大学（威海）商学院学生；王小梅，山东大学东北亚研究中心研究员，山东大学（威海）商学院副教授。

球化的热潮中,世界各国之间的服务贸易合作日趋紧密,但各国的服务贸易开放程度不同。针对服务贸易壁垒测度问题,众多学者进行了不同的研究。崔庆欢、张如庆(2015)运用频度方法进行分析,研究中国各服务部门、各服务贸易提供模式的总体开放情况,并比较中美服务贸易壁垒;[1] 曾宇龙(2018)以成员国在中国—东盟《服务贸易协议》中的具体承诺为数据来源,建立了服务贸易限制指数(STRI)测度体系,分析各国目前的开放程度、壁垒的国别差异和壁垒的削减情况。[2] 在学术界研究了多种量化服务贸易壁垒方法的基础上,世界银行和经济合作与发展组织(OECD)分别建立了服务贸易限制指数,以衡量各国的服务贸易开放度。国外学者巴特舒(Batshur)等(2017)通过研究世界各国在各行业的服务贸易限制措施,提出世界银行服务贸易限制指数数据库的量化标准,以及服务贸易限制指数的计算方法。[3] 基于世界银行和经济合作与发展组织数据库,众多学者对不同国家的贸易壁垒进行了研究。赵瑾(2017)基于经济合作与发展组织数据库,分析42个国家、18个部门的服务贸易限制指数,研究当代全球服务贸易壁垒的主要手段、行业特点以及国家分布;[4] 许小芳(2018)引入经济合作与发展组织数据库发布的服务贸易限制指数,对"金砖五国"的金融服务贸易开放度进行了对比分析;[5] 樊瑛(2012)以经济合作与发展组织数据库的服务贸易限制指数

---

[1] 崔庆欢、张如庆:《中国服务贸易壁垒的测度及中美比较》,《牡丹江师范学院学报(哲学社会科学版)》2015年第2期,第25—27页。

[2] 曾宇龙:《CAFTA银行服务贸易壁垒研究》,广西大学硕士论文,2018年,第61页。

[3] Batshur G., Aaditya M., "Regionalism in Services: A Study of ASEAN," *The World Economy*, Wiley Blackwell, Vol. 40, No. 3, March 2017, pp. 574-597.

[4] 赵瑾:《全球服务贸易壁垒:主要手段、行业特点与国家分布——基于OECD服务贸易限制指数的分析》,《国际贸易》2017年第2期,第31—39页。

[5] 许小芳:《金砖五国金融服务贸易国际竞争力问题研究》,首都经济贸易大学硕士论文,2018年,第49页。

为基础构建开放度指数,对中国入世以来12个服务贸易部门开放度进行研究;① 姚战琪(2018)利用世界银行数据库,测度中国服务业开放度,研究中国和其他国家在七大产业的政策友好度;② 盖新哲(2015)利用世界银行和经济合作与发展组织的服务贸易限制指数数据库总结中国当前的服务贸易壁垒现状,并从分类措施指标层面计量分析贸易壁垒对全球价值链提升的影响。③

中国、日本、韩国、俄罗斯、蒙古国这五个东北亚国家,随着区域经济一体化的不断深入,各国的服务贸易开放度不断提升,在不同程度上推动了各国综合国力的增强。但是东北亚国家的服务贸易开放水平,相较于世界其他国家及世界服务贸易开放度平均水平,仍存在一些服务贸易壁垒高的问题,而在现有的研究中缺少对东北亚服务贸易开放度、东北亚国家与世界水平的开放度差距等分析。因此,本文利用世界银行数据库,将东北亚五国的服务贸易限制指数与世界水平进行对比,从东北亚五国的各服务贸易部门及服务提供模式入手,分析东北亚五国的服务贸易开放程度,以期为中国服务贸易开放提供参考。

## 二、东北亚国家总体服务贸易开放度

### (一)总体情况

在世界103个国家中,仅10个国家的服务贸易限制指数超过50,这

---

① 樊瑛:《中国服务业开放度研究》,《国际贸易》2012年第10期,第10—17页。
② 姚战琪:《中国服务业开放度测算及其国际竞争力分析》,《国际贸易》2018年第9期,第48—54页。
③ 盖新哲:《服务业开放与中国全球价值链地位提升》,对外经济贸易大学博士论文,2015年。

说明世界整体服务贸易开放程度高。图1是东北亚各国及世界总体的服务贸易限制指数,世界平均的服务贸易限制指数水平为20.3,最高的服务贸易限制指数水平为88.3(埃塞俄比亚),最低的服务贸易限制指数水平为6.2(厄瓜多尔)。全世界超过50%的国家服务贸易限制指数低于平均水平,世界服务贸易总体开放程度较高。

东北亚国家平均的服务贸易限制指数水平为24.5,低于世界平均水平20.3,东北亚国家的服务贸易总体开放程度高。在东北亚五国中,蒙古国的服务贸易限制指数最低,为13.7,属于高开放度国家,贸易壁垒相对较低;韩国、日本、俄罗斯三国的服务贸易限制指数分别为23.1、23.4、25.7,属于中度开放国家,服务贸易开放程度较高;中国的服务贸易限制指数最高,为36.6,属于较低开放度国家,贸易壁垒相对较高。中国在服务贸易方面采取了较为严苛的限制政策,通过限制对外贸易部门的数量,对国外进口严加控制等方式,降低了服务贸易开放程度。但是2014年至2017年,中国服务贸易壁垒逐渐降低,服务贸易开放度不断提高。

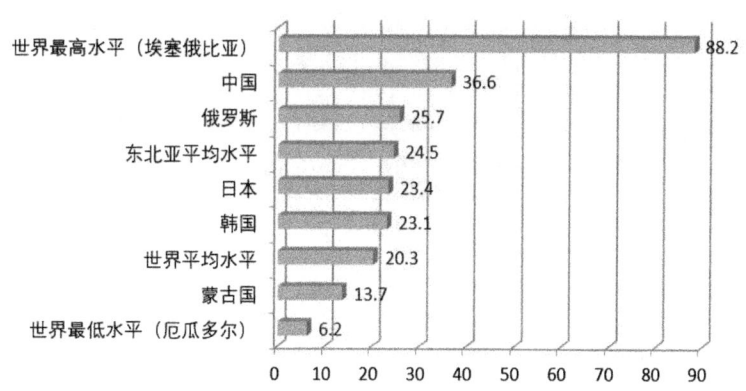

图1 东北亚各国及世界总体的服务贸易限制指数

资料来源:世界银行服务贸易限制数据库,http://iresearch.worldbank.org/。

在下面的内容中,本文将按照各国服务贸易限制指数进行排序,将排列在 1—20、21—40、41—60、61—80、81—103 位的国家服务贸易开放程度分别定义为高、较高、中、较低、低五个层次。

(二) 模式 1 跨境交付

图 2 是在模式 1 跨境交付的服务提供模式下，东北亚各国及世界总体的服务贸易限制指数。从模式 1 跨境交付看，世界平均的服务贸易限制指数水平为 30，最高的服务贸易限制指数水平为 84.9（埃塞俄比亚），最低的服务贸易限制指数水平为 1.8（南非、特立尼达和多巴哥），世界整体服务贸易开放程度较低，贸易壁垒相对较高。东北亚国家平均的服务贸易限制指数水平为 31.95，与世界平均水平相差 1.95，东北亚国家服务贸易总体开放程度较低。在东北亚五国中，俄罗斯的服务贸易限制指数最低，为 22.44，韩国的服务贸易限制指数为 27.08，两国属于中开放度国家；日本、蒙古国的服务贸易限制指数分别为 36.58、34.41，贸易壁垒较严格，属于较低开放水平国家；中国的服务贸易限制指数最高，为 39.22，服务贸易开放程度最低，贸易壁垒最高，属于低开放水平国家。

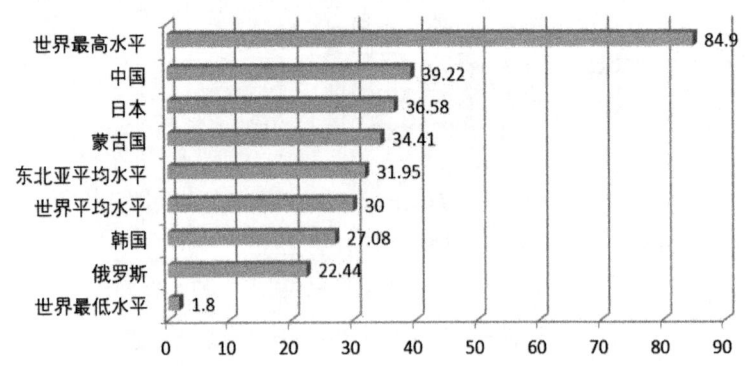

图 2　模式 1 跨境交付下东北亚各国及世界总体的服务贸易限制指数

资料来源：世界银行服务贸易限制数据库，http://iresearch.worldbank.org/。

## (三) 模式2 境外消费

世界银行服务贸易限制数据库中未包含模式2境外消费的相关数据，故本文中不对东北亚五国在模式2境外消费的开放度进行分析。

## (四) 模式3 商业存在

图3是在模式3商业存在的服务提供模式下，东北亚各国及世界总体的服务贸易限制指数。从模式3商业存在看，世界平均的服务贸易限制指数水平为26.7，最高的服务贸易限制指数水平为93.22（埃塞俄比亚），最低的服务贸易限制指数水平为0（厄瓜多尔全面开放），世界整体服务贸易开放程度较低，贸易壁垒相对较高。东北亚国家平均的服务贸易限制指数水平为21.19，低于世界平均水平，整体服务贸易呈中度开放。在东北亚五国中，蒙古国的服务贸易限制指数最低，为5.18，服务贸易壁垒最低，属于高开放度国家；俄罗斯、韩国、日本的服务贸易限制指数分别为18.78、21.33、23.41，属于中开放度国家；中国的服务贸易限制指数最高，为37.27，服务贸易壁垒最高，属于低开放度国家。

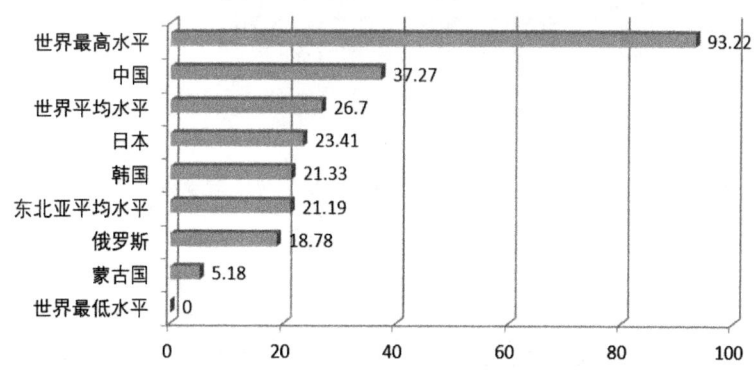

图3 模式3商业存在下东北亚各国及世界总体的服务贸易限制指数

资料来源：世界银行服务贸易限制数据库，http://iresearch.worldbank.org/。

## (五) 模式4自然人流动

图4是在模式4自然人流动的服务提供模式下,东北亚各国及世界总体的服务贸易限制指数。从模式4自然人流动看,世界平均的服务贸易限制指数水平为60.3,最高的服务贸易限制指数水平为100(也门、泰国两国都完全封闭模式4自然人流动),最低的服务贸易限制指数水平为25(巴拉圭、乌拉圭),世界服务贸易总体呈中开放程度。东北亚国家平均的服务贸易限制指数水平为66,高于世界平均水平,整体服务贸易开放程度较低。在东北亚五国中,蒙古国的服务贸易限制指数最低,为50,服务贸易壁垒最低,属于高开放度国家;日本的服务贸易限制指数为60,属于中开放度国家;俄罗斯的服务贸易限制指数为70,属于较低开放度国家;中国、韩国的服务贸易限制指数最高,为75,服务贸易壁垒最高,属于低开放度国家。

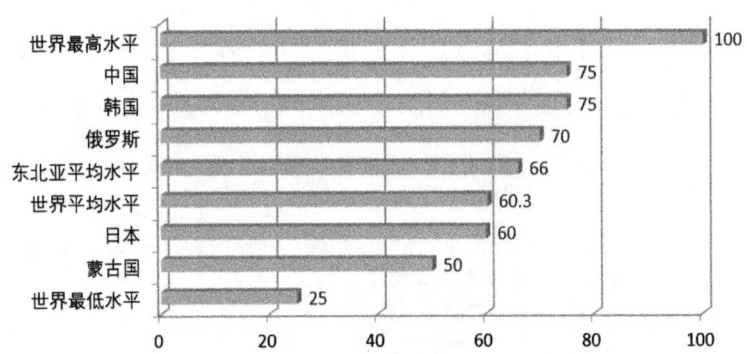

图4 模式4自然人流动下东北亚各国及世界总体的服务贸易限制指数

资料来源:世界银行服务贸易限制数据库,http://iresearch.worldbank.org/。

从不同的服务提供模式看,东北亚地区在模式3商业存在的服务贸易壁垒最低,在模式4自然人流动的服务贸易壁垒最高,且远高于模式1跨境交付和模式3商业存在的贸易壁垒。东北亚五国的服务贸易限制都呈现出这种现象,是因为自然人流动是最具争议、风险最低、收益最低的服务提供方式，同时也反映出各国对人员流动的谨慎态度。这些限制主要表现在两方面：一是自然人流动质量的限制，如中国要求入境人员必须在本国境内至少有两年以上的从业经验，日本要求入境人员必须取得本地大学的学位证；二是自然人流动的法律限制。

## 三、东北亚国家的部门服务贸易开放度

在这一部分中，将分别从金融服务、电信、零售分销、运输和专业服务五个部门来介绍东北亚国家的服务贸易总体开放情况。表1是各服务部门及分部门的服务提供模式。

表1 各服务部门及分部门的服务提供模式

| 部门/分部门 | 模式1 跨境交付 | 模式3 商业存在 | 模式4 自然人流动 |
| --- | --- | --- | --- |
| 金融服务 | | | |
| 银行 | | | |
| 银行借贷 | √ | √ | |
| 吸纳存款 | √ | √ | |
| 保险 | | | |
| 机动车辆保险 | √ | √ | |
| 寿险 | √ | √ | |
| 再保险 | √ | √ | |
| 电信 | | | |
| 固定线路通信 | | √ | |
| 移动通信 | | √ | |
| 零售 | | | |
| 零售分销 | | √ | |
| 运输 | | | |
| 国内航空客运 | | √ | |
| 国际航空客运 | √ | √ | |

续表

| 部门/分部门 | 模式1 跨境交付 | 模式3 商业存在 | 模式4 自然人流动 |
|---|---|---|---|
| 国际海运服务 | √ | √ | |
| 海运辅助服务 | | √ | |
| 国内公路货运 | | √ | |
| 国内铁路货运 | | √ | |
| 专业服务 | | | |
| 会计 | √ | √ | √ |
| 审计 | √ | √ | √ |
| 国外法律咨询 | √ | √ | √ |
| 国内法律咨询 | | √ | √ |
| 法庭出庭代表 | | √ | √ |

资料来源：世界银行服务贸易限制数据库，http://iresearch.worldbank.org/。

### （一）金融服务

世界整体在金融服务部门服务贸易呈中度开放，保加利亚、莱索托、特立尼达和多巴哥四国全面开放此部门，埃塞俄比亚的服务贸易壁垒最高。在金融服务部门中，世界在模式1跨境交付开放程度较低，保加利亚、莱索托等7个国家在模式1跨境交付没有限制，阿尔及利亚、秘鲁两国完全封闭模式1跨境交付；世界整体在模式3商业存在的服务贸易呈中度开放，德国、法国等31个国家完全开放模式3商业存在，伊朗、埃塞俄比亚两国完全封闭模式3商业存在。

表2是东北亚各国及世界总体在金融服务部门的服务贸易限制指数。从金融服务部门看，东北亚地区整体服务贸易呈中度开放，高于世界平均水平。其中日本、韩国、蒙古国属于高开放度国家，中国属于较低开放度国家，俄罗斯属于低开放度国家。从模式1跨境交付看，东北亚地

区整体开放程度较低。其中日本、韩国开放程度较高，蒙古国呈中度开放，俄罗斯开放水平较低，中国开放水平低，在世界服务贸易限制指数排名中为后10位，服务贸易壁垒高。从模式3商业存在看，东北亚地区呈中度开放。其中日本、韩国、蒙古国完全开放模式3商业存在，中国、俄罗斯开放水平分别为较低、低，两国在模式3商业存在的服务贸易壁垒较高。近四年来，日本、韩国该部门的开放程度不断提高，中国基本不变，俄罗斯的开放度反而降低，这是因为俄罗斯服务贸易竞争力小，且一直处于贸易逆差状态，这样做是为了保护其国内产业的发展。

表2 东北亚各国及世界总体金融服务部门服务贸易限制指数

| 国家 | 总体开放水平 | 模式1跨境交付 | 模式3商业存在 |
| --- | --- | --- | --- |
| 世界平均水平 | 22.34 | 32.351 | 21.535 |
| 世界最高水平 | 89.7 | 100 | 100 |
| 世界最低水平 | 0 | 0 | 0 |
| 日本 | 1.9 | 19.39 | 0 |
| 韩国 | 2.3 | 22.62 | 0 |
| 蒙古国 | 5.2 | 29.08 | 0 |
| 中国 | 34.8 | 71.77 | 31.46 |
| 俄罗斯 | 46.7 | 32.31 | 50 |
| 东北亚平均水平 | 18.18 | 35.034 | 16.292 |

资料来源：世界银行服务贸易限制数据库，http://iresearch.worldbank.org/。

1. 银行

金融服务部门分为银行和保险两个子部门。世界整体在银行部门的服务贸易呈中度开放，德国、英国、法国等34个国家其银行部门完全开放，埃塞俄比亚完全封闭银行部门。其中世界整体在模式1跨境交付开放程度较低，爱尔兰、意大利等65个国家完全开放模式1跨境交付，秘鲁、泰国等5个国家完全封闭模式1跨境交付。世界在模式3商业存在总体呈中开放水平,瑞典、新西兰等46个国家完全开放模式3商业存在,伊朗、埃塞俄比亚两个国家完全封闭模式3商业存在。

表3是东北亚各国及世界整体在银行子部门的服务贸易限制指数。从银行部门看,东北亚地区整体呈中度开放,高于世界总体开放水平。其中日本、韩国、蒙古国完全开放,中国、俄罗斯开放程度分别为较低、低。从模式1跨境交付看,东北亚地区总体开放水平较低。其中日本、韩国、蒙古国、俄罗斯完全开放模式1跨境交付,中国在模式1跨境交付服务贸易壁垒相对较高,且处于世界服务贸易限制指数排名后10位。从模式3商业存在来看,东北亚地区呈中度开放。其中日本、韩国、蒙古国完全开放模式3商业存在,中国、俄罗斯的开放水平分别为中、低。2014年至2017年,日本、韩国增加了该部门的开放度,中国开放度不变,仅有俄罗斯增高了贸易壁垒。

表3 东北亚各国及世界总体银行子部门服务贸易限制指数

| 国家 | 总体开放水平 | 模式1跨境交付 | 模式3商业存在 |
| --- | --- | --- | --- |
| 世界平均水平 | 20.643 | 18.99 | 20.913 |
| 世界最高水平 | 100 | 100 | 100 |
| 世界最低水平 | 0 | 0 | 0 |
| 日本 | 0 | 0 | 0 |
| 韩国 | 0 | 0 | 0 |
| 蒙古国 | 0 | 0 | 0 |
| 中国 | 32.5 | 75 | 25 |
| 俄罗斯 | 42.5 | 0 | 50 |
| 东北亚平均水平 | 15 | 15 | 15 |

资料来源:世界银行服务贸易限制数据库,http://iresearch.worldbank.org/。

(1) 银行借贷

银行部门中包含银行借贷和吸纳存款两个分部门。世界在银行借贷部门呈中度开放,德国、意大利等37个国家完全开放银行借贷部门,埃塞俄比亚完全封闭此部门。世界整体在模式1跨境交付开放水平较低,巴拿马、英国等72个国家完全开放模式1跨境交付,秘鲁、泰国等6个国家完全封闭模式1跨境交付。世界整体在模式3商业存在呈中度开放,法国、意大利等45个国家完全开放模式3商业存在,伊朗、埃塞俄比亚两个国家完全封闭模式3商业存在。

表4是东北亚各国及世界总体银行借贷子部门的服务贸易限制指数。东北亚地区在银行借贷部门的总体开放水平高于世界平均水平,呈中度开放。其中日本、韩国、蒙古国三国完全开放银行借贷部门、模式1跨境交付和模式3商业存在,属于高开放度国家。中国、俄罗斯在银行借贷部门开放水平分别为较低、低。从模式1跨境交付来看,俄罗斯完全开放模式1跨境交付,中国属于低开放度国家,服务贸易壁垒相对较高。从模式3商业存在来看,中国、俄罗斯的开放水平分别为较低、低,服务贸易壁垒相对较高。

表4 东北亚各国及世界总体银行借贷子部门服务贸易限制指数

| 国家 | 总体开放水平 | 模式1跨境交付 | 模式3商业存在 |
| --- | --- | --- | --- |
| 世界平均水平 | 20.25 | 16.346 | 20.913 |
| 世界最高水平 | 100 | 100 | 100 |
| 世界最低水平 | 0 | 0 | 0 |
| 日本 | 0 | 0 | 0 |
| 韩国 | 0 | 0 | 0 |
| 蒙古国 | 0 | 0 | 0 |
| 中国 | 28.8 | 50 | 25 |
| 俄罗斯 | 42.5 | 0 | 50 |
| 东北亚平均水平 | 14.26 | 10 | 15 |

资料来源:世界银行服务贸易限制数据库,http://iresearch.worldbank.org/。

(2) 吸纳存款

世界整体在吸纳存款部门服务贸易呈中度开放,德国、爱尔兰等35个国家完全开放吸纳存款部门,仅埃塞俄比亚完全封闭此部门。世界在模式1跨境交付服务贸易开放程度较低,瑞典、新西兰等70个国家完全开放模式1跨境交付,中国、泰国等14个国家完全封闭模式1跨境交付。世界在模式3商业存在的服务贸易呈中开放程度,日本、西班牙等45个国家完全开放模式3商业存在,伊朗、埃塞俄比亚完全封闭模式3商业存在。

表5是东北亚各国及世界总体在吸纳存款子部门的服务贸易限制指数。东北亚地区在吸纳存款部门总体开放水平高于世界平均水平,服务贸易呈中开放程度。其中,日本、韩国、蒙古国完全开放吸纳存款部门、模式1跨境交付和模式3商业存在,中国、俄罗斯的服务贸易开放程度分别为较低、低。从模式1跨境交付看,东北亚地区总体开放程度较低,中国完全封闭模式1跨境交付,俄罗斯完全开放模式1跨境交付。从模式3商业存在看,东北亚地区总体呈中度开放,中国、俄罗斯的总体开放水平分别为中、低,两国的服务贸易壁垒较高。

表5 东北亚各国及世界总体吸纳存款子部门服务贸易限制指数

| 国家 | 总体开放水平 | 模式1跨境交付 | 模式3商业存在 |
| --- | --- | --- | --- |
| 世界平均水平 | 21.044 | 21.635 | 20.913 |
| 世界最高水平 | 100 | 100 | 100 |
| 世界最低水平 | 0 | 0 | 0 |
| 日本 | 0 | 0 | 0 |
| 韩国 | 0 | 0 | 0 |
| 蒙古国 | 0 | 0 | 0 |
| 中国 | 36.3 | 100 | 25 |
| 俄罗斯 | 42.5 | 0 | 50 |
| 东北亚平均水平 | 15.76 | 20 | 15 |

资料来源:世界银行服务贸易限制数据库,http://iresearch.worldbank.org/。

2. 保险

保险部门包含机动车辆保险、寿险、再保险三个分部门。世界总体在保险部门的服务贸易开放程度较低,保加利亚、布隆迪、莱索托、特立尼达和多巴哥完全开放保险部门,仅卡塔尔在保险部门开放程度最低,服务贸易壁垒最高。世界在模式1跨境交付服务贸易呈中度开放,保加利亚、秘鲁等7个国家完全开放模式1跨境交付,乌拉圭、卡塔尔等8个国家完全封闭模式1跨境交付。世界在模式3商业存在的服务贸易呈中开放程度,英国、德国等36个国家完全开放模式3商业存在,埃塞俄比亚、刚果等3个国家完全封闭模式3商业存在。

表6是东北亚各国及世界总体在保险子部门服务贸易限制指数。东北亚地区在保险部门的总体开放水平高于世界平均水平,服务贸易呈中度开放。其中日本、韩国、蒙古国属于较高开放度国家,中国、俄罗斯的服务贸易开放程度分别为较低、低,且俄罗斯在世界服务贸易限制指数排名为第96位。从模式1跨境交付来看,东北亚地区总体呈中开放程度,日本、韩国在模式1跨境交付服务贸易呈中度开放,中国开放程度较低,蒙古国、俄罗斯属于低开放度国家。从模式3商业存在来看,东北亚地区总体呈中开放水平,日本、韩国、蒙古国完全开放模式3商业存在,中国、俄罗斯的总体开放水平低,俄罗斯的服务贸易壁垒最高。2014年至2017年,中国、韩国、日本三国均增加了该部门的开放度,仅有俄罗斯提高了贸易壁垒。

表6 东北亚各国及世界总体保险子部门服务贸易限制指数

| 国家 | 总体开放水平 | 模式1跨境交付 | 模式3商业存在 |
| --- | --- | --- | --- |
| 世界平均水平 | 25.044 | 53.45 | 22.52 |
| 世界最高水平 | 83.3 | 100 | 100 |
| 世界最低水平 | 0 | 0 | 0 |
| 日本 | 5 | 50 | 0 |
| 韩国 | 5.8 | 58.33 | 0 |
| 蒙古国 | 13.3 | 75 | 0 |
| 中国 | 38.3 | 66.67 | 41.67 |
| 俄罗斯 | 53.3 | 83.33 | 50 |
| 东北亚平均水平 | 23.14 | 66.666 | 18.334 |

资料来源：世界银行服务贸易限制数据库，http：//iresearch.worldbank.org/。

(1) 机动车辆保险

世界在机动车辆保险部门的服务贸易呈中度开放，新西兰、莱索托等5个国家完全开放机动车辆保险部门服务贸易，伊朗、埃塞俄比亚完全封闭机动车辆保险部门服务贸易。世界在模式1跨境交付服务贸易开放程度低，新西兰、保加利亚等10个国家完全开放模式1跨境交付，秘鲁、蒙古国等55个国家完全封闭模式1跨境交付。世界在模式3商业存在的服务贸易呈中度开放，法国、欧盟等42个国家及国际组织完全开放模式3商业存在，卡塔尔、刚果和埃塞俄比亚完全封闭模式3商业存在。

表7是东北亚各国及世界总体在机动车辆保险子部门的服务贸易限制指数。东北亚地区在机动车辆保险部门的总体开放水平低于世界平均水平，服务贸易呈中度开放。其中，日本、韩国、蒙古国属于较高开放度国家，中国、俄罗斯的服务贸易开放程度低，在世界服务贸易指数排名并列第90位。从模式1跨境交付看，东北亚地区完全封闭模式1跨境

交付，且东北亚五国均完全封闭模式 1 跨境交付。从模式 3 商业存在来看，东北亚地区总体开放程度较高，日本、韩国、蒙古国完全开放模式 3，中国、俄罗斯的总体开放水平低，两国的服务贸易壁垒相对较高。

表 7　东北亚各国及世界总体机动车辆保险子部门服务贸易限制指数

| 国家 | 总体开放水平 | 模式 1 跨境交付 | 模式 3 商业存在 |
| --- | --- | --- | --- |
| 世界平均水平 | 27.57 | 72.36 | 22.6 |
| 世界最高水平 | 100 | 100 | 100 |
| 世界最低水平 | 0 | 0 | 0 |
| 日本 | 10 | 100 | 0 |
| 韩国 | 10 | 100 | 0 |
| 蒙古国 | 10 | 100 | 0 |
| 中国 | 55 | 100 | 50 |
| 俄罗斯 | 55 | 100 | 50 |
| 东北亚平均水平 | 28 | 100 | 20 |

资料来源：世界银行服务贸易限制数据库，http：//iresearch.worldbank.org/。

（2）寿险

世界在寿险部门服务贸易呈中度开放，保加利亚、土耳其等 6 个国家完全开放保险部门，伊朗、埃塞俄比亚完全封闭寿险部门。世界在模式 1 跨境交付服务贸易呈中开放程度，泰国、莱索托等 14 个国家完全开放模式 1 跨境交付，巴拿马、卡塔尔等 48 个国家完全封闭模式 1 跨境交付。世界在模式 3 商业存在的服务贸易呈中度开放，德国、新西兰等 42 个国家完全开放模式 3 商业存在，刚果民主共和国、埃塞俄比亚、伊朗完全封闭模式 3 商业存在。

表 8 是东北亚各国及世界总体在寿险子部门的服务贸易限制指数。东北亚地区在寿险子部门的总体开放水平高于世界平均水平，服务贸易呈中度开放。其中日本属于高开放度国家，韩国、蒙古国属于较高开放

度国家，中国、俄罗斯属于低开放度国家，在世界服务贸易限制指数排名并列第 92 位。从模式 1 跨境交付来看，东北亚地区总体呈中度开放，日本开放程度较高，韩国呈中度开放，中国、蒙古国、俄罗斯完全封闭模式 1 跨境交付。从模式 3 商业存在来看，东北亚地区总体呈中度开放，日本、韩国、蒙古国完全开放模式 3 商业存在，中国、俄罗斯总体开放水平低，两国的服务贸易壁垒最高，在世界服务贸易限制指数排名并列第 82 位。

表 8 东北亚各国及世界总体寿险子部门服务贸易限制指数

| 国家 | 总体开放水平 | 模式 1 跨境交付 | 模式 3 商业存在 |
| --- | --- | --- | --- |
| 世界平均水平 | 26.66 | 67.55 | 22.12 |
| 世界最高水平 | 100 | 100 | 100 |
| 世界最低水平 | 0 | 0 | 0 |
| 日本 | 5 | 50 | 0 |
| 韩国 | 7.5 | 75 | 0 |
| 蒙古国 | 10 | 100 | 0 |
| 中国 | 55 | 100 | 50 |
| 俄罗斯 | 55 | 100 | 50 |
| 东北亚平均水平 | 26.5 | 85 | 20 |

资料来源：世界银行服务贸易限制数据库，http://iresearch.worldbank.org/。

(3) 再保险

世界在再保险子部门的服务贸易开放程度较低，英国、西班牙等 31 个国家完全开放再保险部门，卡塔尔在再保险部门开放程度最低，服务贸易壁垒最高。世界在模式 1 跨境交付服务贸易开放程度较低，美国、德国等 64 个国家完全开放模式 1 跨境交付，卡塔尔、乌拉圭等 9 个国家完全封闭模式 1 跨境交付。世界在模式 3 商业存在的服务贸易呈中度开放，英国、土耳其等 39 个国家完全开放模式 3 商业存在，刚果、伊朗、埃塞俄比亚完全封闭模式3商业存在。

表9是东北亚各国及世界总体在再保险子部门的服务贸易限制指数。东北亚地区在再保险子部门的总体开放水平高于世界平均水平，服务贸易呈中开放程度。其中日本、韩国完全开放此部门，中国属于较高开放水平国家，蒙古国、俄罗斯的开放程度分别为较低、低，俄罗斯在世界服务贸易限制指数排名为第88位。从模式1跨境交付来看，东北亚地区总体呈中开放程度，日本、韩国、中国完全开放模式1跨境交付，蒙古国、俄罗斯分别属于较低、低开放度国家。从模式3商业存在看，东北亚地区总体呈中开放水平，日本、韩国、蒙古国完全开放模式3商业存在，中国、俄罗斯分别呈中、低开放水平，俄罗斯的服务贸易壁垒最高。

表9 东北亚各国及世界总体再保险子部门服务贸易限制指数

| 国家 | 总体开放水平 | 模式1跨境交付 | 模式3商业存在 |
| --- | --- | --- | --- |
| 世界平均水平 | 20.91 | 20.43 | 22.84 |
| 世界最高水平 | 95 | 100 | 100 |
| 世界最低水平 | 0 | 0 | 0 |
| 日本 | 0 | 0 | 0 |
| 韩国 | 0 | 0 | 0 |
| 蒙古国 | 20 | 25 | 0 |
| 中国 | 5 | 0 | 25 |
| 俄罗斯 | 50 | 50 | 50 |
| 东北亚平均水平 | 15 | 15 | 15 |

资料来源：世界银行服务贸易限制数据库，http://iresearch.worldbank.org/。

### （二）电信

电信部门包含固定线路通信、移动线路通信两个分部门。世界整体在电信部门的服务贸易开放程度较低，英国、美国等 37 个国家完全开放电信部门，卡塔尔、埃塞俄比亚完全封闭电信部门。世界在模式 3 商业存在的服务贸易开放程度较低，英国、美国等 37 个国家完全开放模式 3 商业存在，卡塔尔、埃塞俄比亚完全封闭模式 3 商业存在。

表 10 是东北亚各国及世界总体在电信部门的服务贸易限制指数。东北亚地区在电信部门的总体开放水平低于世界平均水平，服务贸易开放程度较低。其中蒙古国完全开放此部门，日本属于较高开放度国家，韩国、中国、俄罗斯的服务贸易限制指数一致，开放程度较低。从模式 3 商业存在来看，东北亚地区总体开放水平较低，蒙古国完全开放模式 3 商业存在，日本开放程度较高，韩国、中国、俄罗斯呈较低开放水平，三国的服务贸易壁垒较高。2014 年至 2017 年，中国、韩国的贸易壁垒降低，而日本、俄罗斯的贸易壁垒在增高。

表 10　东北亚各国及世界总体电信部门服务贸易限制指数

| 国家 | 总体开放水平 | 模式 3 商业存在 |
| --- | --- | --- |
| 世界平均水平 | 26.68 | 26.68 |
| 世界最高水平 | 100 | 100 |
| 世界最低水平 | 0 | 0 |
| 蒙古国 | 0 | 0 |
| 日本 | 25 | 25 |
| 韩国 | 50 | 50 |
| 中国 | 50 | 50 |
| 俄罗斯 | 50 | 50 |
| 东北亚平均水平 | 35 | 35 |

资料来源：世界银行服务贸易限制数据库，http://iresearch.worldbank.org/。

（1）固定线路通信。固定线路通信分部门的服务提供模式为模式 3 商业存在，世界整体及东北亚国家在该部门的开放程度与电信部门完全一致。

（2）移动通信。移动通信分部门的服务提供模式为模式3商业存在，世界整体及东北亚国家在该部门的开放程度与电信部门完全一致。

（三）零售分销

世界在零售分销部门服务贸易呈中度开放，英国、美国等59个国家完全开放零售分销部门，巴拿马、埃塞俄比亚完全封闭零售分销部门。世界整体在模式3商业存在的服务贸易呈中度开放，英国、美国等59个国家完全开放模式3商业存在，巴拿马、埃塞俄比亚完全封闭模式3商业存在。

表11是东北亚各国及世界总体在零售分销部门的服务贸易限制指数。东北亚地区在零售分销部门的总体开放水平高于世界平均水平，服务贸易呈中度开放。其中俄罗斯、韩国、蒙古国完全开放此部门，中国、日本的服务贸易限制指数一致，开放程度较低。从模式3商业存在来看，东北亚地区总体呈中度开放，俄罗斯、韩国、蒙古国完全开放模式3商业存在，中国、日本的服务贸易限制指数一致，开放程度较低。日本在此部门有严格的限制。例如，在日本开设零售企业的成本很高，要经过严格的审批过程，要征求同行和所在社区民众的意见。日本的分销体系受到高度管制，这成为一种很高的贸易和投资壁垒。

表11 东北亚各国及世界总体零售分销部门服务贸易限制指数

| 国家 | 总体开放水平 | 模式3商业存在 |
| --- | --- | --- |
| 世界平均水平 | 16.35 | 16.35 |
| 世界最高水平 | 100 | 100 |
| 世界最低水平 | 0 | 0 |
| 俄罗斯 | 0 | 0 |

续表

| 国家 | 总体开放水平 | 模式 3 商业存在 |
|---|---|---|
| 韩国 | 0 | 0 |
| 蒙古国 | 0 | 0 |
| 中国 | 25 | 25 |
| 日本 | 25 | 25 |
| 东北亚平均水平 | 12.5 | 12.5 |

资料来源：世界银行服务贸易限制数据库，http://iresearch.worldbank.org/。

## （四）运输

世界在运输部门总体呈中度开放，秘鲁开放程度最高，阿尔及利亚开放程度最低，服务贸易壁垒最高。世界在模式 1 跨境交付开放程度较低，德国、秘鲁等 17 个国家完全开放模式 1 跨境交付，尼泊尔、蒙古国等 9 个国家开放程度最低。世界在模式 3 商业存在呈中开放程度，厄瓜多尔、巴拉圭等 10 个国家完全开放，埃塞俄比亚开放程度最低。

表 12 是东北亚各国及世界总体在运输部门的服务贸易限制指数。东北亚地区在运输部门开放程度高于世界总体水平，呈中度开放，其中俄罗斯属于高开放度国家，日本、中国、韩国属于较高开放度国家，蒙古国服务贸易壁垒较高，属于较低开放度国家。东北亚地区在模式 1 跨境交付的开放程度低于世界平均水平，开放程度较低，日本、韩国、中国、俄罗斯、蒙古国的开放程度分别为高、较高、较低、低、低，且蒙古国的开放程度在世界上最低。东北亚地区在模式 3 商业存在高于世界平均水平，开放程度较高，其中，俄罗斯开放程度高，韩国、日本、中国开放程度较高，蒙古国呈中度开放。2014 年至 2017 年，俄罗斯在该部门的开放度略微下降，但运输部门仍是俄罗斯唯一保持贸易顺差的部门，表

现出俄罗斯在该领域的国际竞争力低下。

表 12 东北亚各国及世界总体运输部门服务贸易限制指数

| 国家 | 总体水平 | 模式 1 跨境交付 | 模式 3 商业存在 |
|---|---|---|---|
| 世界平均水平 | 30.98 | 28.61 | 31.81 |
| 世界最高水平 | 79.8 | 75 | 87.5 |
| 世界最低水平 | 3.1 | 0 | 0 |
| 俄罗斯 | 14.2 | 50 | 8.33 |
| 韩国 | 20.8 | 25 | 20.83 |
| 蒙古国 | 41.6 | 75 | 27.27 |
| 中国 | 19.3 | 37.5 | 22.22 |
| 日本 | 15.6 | 12.5 | 22.92 |
| 东北亚平均水平 | 24.325 | 37.5 | 23.31 |

资料来源：世界银行服务贸易限制数据库，http://iresearch.worldbank.org/。

### 1. 国内航空客运

世界在模式 3 商业存在呈中度开放，澳大利亚、新西兰等 26 个国家完全开放，印度、伊朗等 7 个国家完全封闭模式 3 商业存在。表 13 是东北亚各国及世界总体在国内航空客运部门的服务贸易限制指数。东北亚地区在模式 3 商业存在的开放程度低于世界平均水平，呈中度开放，其中，蒙古国完全开放模式 3 商业存在，日本的开放程度较高，韩国、中国、俄罗斯开放程度一致，呈中开放水平。

表 13 东北亚各国及世界总体国内航空客运部门服务贸易限制指数

| 国家 | 模式 3 商业存在 |
|---|---|
| 世界平均水平 | 38.46 |
| 世界最高水平 | 100 |
| 世界最低水平 | 0 |
| 蒙古国 | 0 |

续表

| 国家 | 模式3商业存在 |
| --- | --- |
| 日本 | 25 |
| 韩国 | 50 |
| 中国 | 50 |
| 俄罗斯 | 50 |
| 东北亚平均水平 | 41.67 |

资料来源：世界银行服务贸易限制数据库，http://iresearch.worldbank.org/。

**2. 国际航空客运**

世界总体在国际航空客运部门呈中度开放，厄瓜多尔、芬兰等5个国家完全开放此部门，伊朗开放程度最低，服务贸易壁垒最高。世界在模式1跨境交付呈中度开放，加拿大、美国等27个国家完全开放，印度、伊朗等25个国家开放程度最低。世界在模式3商业存在呈中开放水平，蒙古国、也门等22个国家完全开放，埃塞尔比亚、印度、黎巴嫩三个国家完全封闭模式3商业存在。

表14是东北亚各国及世界总体在国际航空客运部门的服务贸易限制指数。东北亚地区在国际航空客运部门开放程度低于世界平均水平，呈中度开放，日本、韩国、蒙古国开放程度分别为高、较高、较低，中国和俄罗斯开放程度最低，在世界服务贸易限制指数排名为后10位。东北亚地区在模式1跨境交付开放程度低于世界平均水平，呈中度开放，其中，日本完全开放，韩国开放程度较高，中国、蒙古国、俄罗斯开放程度最低，服务贸易壁垒最高。东北亚地区在模式3商业存在的开放程度高于世界平均水平，呈中度开放，蒙古国完全开放模式3，日本呈中开放程度，中国、韩国、俄罗斯开放程度较低，服务贸易壁垒较严格。

表14 东北亚各国及世界总体国际航空客运部门服务贸易限制指数

| 国家 | 总体水平 | 模式1跨境交付 | 模式3商业存在 |
| --- | --- | --- | --- |
| 世界平均水平 | 37.01 | 37.26 | 36.42 |
| 世界最高水平 | 75 | 75 | 100 |
| 世界最低水平 | 0 | 0 | 0 |
| 俄罗斯 | 67.5 | 75 | 50 |
| 韩国 | 32.5 | 25 | 50 |
| 蒙古国 | 52.5 | 75 | 0 |
| 中国 | 67.5 | 75 | 50 |
| 日本 | 11.3 | 0 | 37.5 |
| 东北亚平均水平 | 40.95 | 43.75 | 34.375 |

资料来源：世界银行服务贸易限制数据库，http://iresearch.worldbank.org/。

### 3. 海运服务

世界整体在国际海运服务部门呈中度开放，阿尔巴尼亚等21个国家完全开放此部门，埃塞俄比亚开放程度最低，服务贸易壁垒最高。世界整体在模式1跨境交付呈中度开放，法国、英国等57个国家完全开放，印度、埃塞俄比亚等13个国家开放程度最低。世界在模式3商业存在呈中开放水平，韩国、也门等29个国家完全开放，法国、埃塞俄比亚完全封闭模式3商业存在。表15是东北亚各国及世界总体在国际海运服务部门的服务贸易限制指数。蒙古国是内陆国家，所以缺乏国际海运服务部门。东北亚地区在国际海运服务部门开放程度低于世界平均水平，开放水平较低，日本、韩国、俄罗斯呈中开放程度，日本开放程度较低。东北亚地区在模式1跨境交付开放程度低于世界平均水平，呈中度开放，其中，中国完全开放，韩国、日本、俄罗斯呈中开放程度。东北亚地区在模式3商业存在的开放程度高于世界平均水平，开放程度较高，韩国、俄罗斯完全开放模式3商业存在，中国、日本呈中度开放，服务贸易壁垄较高。

表 15 东北亚各国及世界总体国际海运服务部门服务贸易限制指数

| 国家 | 总体水平 | 模式1跨境交付 | 模式3商业存在 |
| --- | --- | --- | --- |
| 世界平均水平 | 16.46 | 11.9 | 27.08 |
| 世界最高水平 | 65 | 50 | 100 |
| 世界最低水平 | 0 | 0 | 0 |
| 中国 | 15 | 0 | 50 |
| 韩国 | 17.5 | 25 | 0 |
| 俄罗斯 | 17.5 | 25 | 0 |
| 日本 | 32.5 | 25 | 50 |
| 东北亚平均水平 | 20.625 | 18.75 | 25 |

资料来源：世界银行服务贸易限制数据库，http://iresearch.worldbank.org/。

### 4. 海运辅助服务

世界在海运辅助服务部门呈中度开放，美国、英国等38个国家完全开放海运辅助服务部门，埃塞俄比亚等7个国家完全封闭此部门。世界整体在模式3商业存在呈中度开放，美国、英国等38个国家完全开放模式3商业存在，埃塞俄比亚、卡塔尔等7个国家完全封闭模式3商业存在。

表16是东北亚各国及世界总体海运辅助服务部门服务贸易限制指数，蒙古国是内陆国家，所以缺乏海运辅助服务部门。东北亚地区在海运辅助服务部门的开放程度高于世界平均水平，开放程度较高。其中日本、韩国、俄罗斯完全开放此部门，中国呈中度开放。东北亚地区在模式3商业存在的开放程度高于世界平均水平，开放程度较高，日本、韩国、俄罗斯完全开放模式3商业存在，中国呈中度开放。

表16 东北亚各国及世界总体海运辅助服务部门服务贸易限制指数

| 国家 | 总体水平 | 模式3商业存在 |
| --- | --- | --- |
| 世界平均水平 | 29.46 | 29.46 |
| 世界最高水平 | 100 | 100 |
| 世界最低水平 | 0 | 0 |
| 日本 | 0 | 0 |
| 韩国 | 0 | 0 |
| 俄罗斯 | 0 | 0 |
| 中国 | 25 | 25 |
| 东北亚平均水平 | 6.25 | 6.25 |

资料来源：世界银行服务贸易限制数据库，http://iresearch.worldbank.org/。

5. 国内公路货运

世界总体在国内公路货运部门开放度较低，美国、新西兰等48个国家完全开放此部门，埃塞俄比亚、印度等7个国家完全封闭此部门。世界在模式3商业存在开放程度较低，美国、新西兰等48个国家完全开放模式3商业存在，埃塞俄比亚、印度等7个国家完全封闭模式3商业存在。

表17是东北亚各国及世界总体在国内公路货运部门的服务贸易限制指数。东北亚国家在国内公路货运部门完全开放，高于世界平均开放水平，中、日、韩、俄、蒙五国均完全开放此部门。东北亚国家在模式3商业存在完全开放，高于世界平均开放水平，中、日、韩、俄、蒙五国均完全开放模式3商业存在。

表17 东北亚各国及世界总体国内公路货运部门服务贸易限制指数

| 国家 | 总体水平 | 模式3商业存在 |
| --- | --- | --- |
| 世界平均水平 | 26.68 | 26.68 |
| 世界最高水平 | 100 | 100 |
| 世界最低水平 | 0 | 0 |
| 蒙古国 | 0 | 0 |
| 日本 | 0 | 0 |
| 韩国 | 0 | 0 |
| 俄罗斯 | 0 | 0 |
| 中国 | 0 | 0 |
| 东北亚平均水平 | 0 | 0 |

资料来源：世界银行服务贸易限制数据库，http://iresearch.worldbank.org/。

### 6. 国内铁路货运

世界总体在国内铁路货运部门呈中度开放，美国、英国等34个国家完全开放此部门，法国、印度等25个国家完全封闭此部门。世界整体在模式3商业存在呈中度开放，美国、英国等34个国家完全开放模式3商业存在，法国、印度等25个国家完全封闭模式3商业存在。

表18是东北亚各国及世界总体在国内铁路货运部门的服务贸易限制指数。东北亚地区在国内铁路货运部门开放程度高于世界平均水平，呈中度开放，其中中国、俄罗斯完全开放此部门，日本、韩国开放程度分别为中、较低，蒙古国完全封闭此部门。东北亚地区在模式3商业存在开放程度高于世界平均水平，呈中度开放，其中中国、俄罗斯完全开放模式3商业存在，日本、韩国开放程度分别为中、较低，蒙古国完全封闭模式3商业存在。

表18 东北亚各国及世界总体国内铁路货运部门服务贸易限制指数

| 国家 | 总体水平 | 模式3商业存在 |
| --- | --- | --- |
| 世界平均水平 | 46.28 | 46.28 |
| 世界最高水平 | 100 | 100 |
| 世界最低水平 | 0 | 0 |
| 中国 | 0 | 0 |
| 俄罗斯 | 0 | 0 |
| 日本 | 50 | 50 |
| 韩国 | 75 | 75 |
| 蒙古国 | 100 | 100 |
| 东北亚平均水平 | 45 | 商业存在45 |

资料来源：世界银行服务贸易限制数据库，http://iresearch.worldbank.org/。

（五）专业服务

世界整体在专业服务部门开放程度较低，乌拉圭开放程度最高，土耳其开放程度最低。世界在模式1跨境交付总体服务贸易呈中开放水平，俄罗斯、西班牙等41个国家完全开放模式1跨境交付，印度、秘鲁等7个国家完全封闭模式1跨境交付。世界整体在模式3商业存在开放程度较低，俄罗斯、乌拉圭等8个国家完全开放，土耳其、印尼等4个国家完全封闭。世界整体在模式4自然人流动开放程度较低，乌拉圭、巴拉圭开放程度最高，泰国、也门完全封闭。

表19是东北亚各国及世界总体专业服务部门服务贸易限制指数。东北亚地区在专业服务部门的总体开放程度低于世界平均水平，开放程度较低，蒙古国、俄罗斯的开放程度高，日本开放程度较低，韩国和中国的开放程度低。东北亚地区在模式1跨境交付的总体开放程度高于世界平均水平，呈中度开放，中国、俄罗斯完全开放模式1跨境交付，韩国、

蒙古国呈中度开放，日本开放水平低。东北亚地区在模式3商业存在总体开放程度高于世界平均水平，呈中开放水平，俄罗斯完全开放模式3商业存在，蒙古国开放程度高，日本、韩国开放程度较低，中国开放程度低。东北亚地区在模式4自然人流动的总体开放水平低于世界平均水平，开放程度较低，蒙古国开放程度高，日本呈中度开放，俄罗斯开放水平较低，中国、韩国开放程度低。

表19 东北亚各国及世界总体专业服务部门服务贸易限制指数

| 国家 | 总体水平 | 模式1<br>跨境交付 | 模式3<br>商业存在 | 模式4<br>自然人流动 |
| --- | --- | --- | --- | --- |
| 世界平均水平 | 48.35 | 28.29 | 40.10 | 60.34 |
| 世界最高水平 | 90 | 100 | 100 | 100 |
| 世界最低水平 | 11 | 0 | 0 | 25 |
| 蒙古国 | 28 | 33.33 | 5 | 50 |
| 俄罗斯 | 32 | 0 | 0 | 70 |
| 日本 | 56 | 66.67 | 50 | 60 |
| 韩国 | 66 | 33.33 | 60 | 75 |
| 中国 | 66 | 0 | 70 | 75 |
| 东北亚平均水平 | 49.6 | 26.67 | 37 | 66 |

资料来源：世界银行服务贸易限制数据库，http://iresearch.worldbank.org/。

1. 会计和审计

世界整体在会计和审计部门呈中度开放，格鲁吉亚开放程度最高，土耳其开放程度最低。世界在模式1跨境交付总体呈中度开放，中国、也门等43个国家完全开放，法国、印度等16个国家完全封闭。世界在模式3商业存在总体呈中度开放，俄罗斯、西班牙等20个国家完全开放，土耳其、印度等6个国家完全封闭。世界在模式4自然人流动总体开放程度较低，毛里求斯完全开放模式4自然人流动，泰国、也门等6个国家完全封闭。

表20是东北亚各国及世界总体在会计和审计部门的服务贸易限制指数。东北亚地区在会计和审计部门的总体开放程度高于世界平均水平，呈中度开放，俄罗斯、蒙古国、韩国、中国、日本开放程度分别为高、较高、中、较低、低。东北亚地区在模式1跨境交付的总体开放程度高于世界平均水平，呈中度开放，中国、俄罗斯完全开放模式1跨境交付，韩国、蒙古国、日本开放水平一致，呈中度开放。东北亚地区在模式3商业存在的总体开放程度高于世界平均水平，呈中度开放，俄罗斯完全开放，蒙古国、韩国开放程度较高，日本、中国开放程度较低。东北亚地区在模式4自然人流动的总体开放水平低于世界平均水平，开放程度较低，俄罗斯、韩国、蒙古国开放程度高，中国、日本开放程度分别为较低、低。

表20 东北亚各国及世界总体会计和审计部门服务贸易限制指数

| 国家 | 总体水平 | 模式1<br>跨境交付 | 模式3<br>商业存在 | 模式4<br>自然人流动 |
| --- | --- | --- | --- | --- |
| 世界平均水平 | 43.22 | 35.34 | 34.50 | 55.89 |
| 世界最高水平 | 95 | 100 | 100 | 100 |
| 世界最低水平 | 5 | 0 | 0 | 0 |
| 俄罗斯 | 20 | 0 | 0 | 50 |
| 蒙古国 | 35 | 50 | 12.5 | 50 |
| 韩国 | 40 | 50 | 25 | 50 |
| 中国 | 45 | 0 | 50 | 62.5 |
| 日本 | 60 | 50 | 50 | 75 |
| 东北亚平均水平 | 40 | 30.00 | 27.5 | 57.5 |

资料来源：世界银行服务贸易限制数据库，http://iresearch.worldbank.org/。

（1）会计

世界在会计部门呈中度开放，格鲁吉亚、约旦完全开放，土耳其开放程度最低。世界在模式1跨境交付总体开放程度较低，美国、爱尔兰、乌拉圭等71个国家完全开放模式1跨境交付，巴西、意大利等16个国家完全封闭模式1跨境交付。世界在模式3商业存在总体开放程度较低，俄罗斯、西班牙等36个国家完全开放模式3商业存在，土耳其、印度等7个国家完全封闭模式3商业存在。世界整体在模式4自然人流动开放程度较低，科威特、约旦等4个国家完全开放模式4自然人流动，泰国、也门等6个国家完全封闭。

表21是东北亚各国及世界总体在会计部门的服务贸易限制指数。东北亚地区在会计部门的总体开放程度高于世界平均水平，呈中度开放，俄罗斯、蒙古国、韩国、中国、日本开放程度分别为高、高、较高、中、较低。东北亚地区完全开放模式1跨境交付，高于世界平均水平，东北亚五国均完全开放模式1跨境交付。东北亚地区在模式3商业存在的总体开放程度较高，高于世界平均水平，蒙古国、俄罗斯完全开放，韩国开放程度较高，日本、中国开放程度较低。东北亚地区在模式4自然人流动的总体开放水平低于世界平均水平，开放程度较低，俄罗斯、韩国、蒙古国、中国呈中等开放程度，日本开放程度较低。

从2014—2017年，韩国、日本的服务贸易限制指数基本不变，中国的开放度增加，俄罗斯的服务贸易壁垒增加。韩国、日本作为发达国家，服务贸易比其他国家更有竞争力，而中国一直致力于增加服务贸易开放度来促进国内经济发展，蒙古国作为不发达国家，相较其他国家而言，缺乏一些服务贸易限制措施，俄罗斯则通过增加贸易壁垒保护自身国内经济发展。

表 21　东北亚各国及世界总体会计部门服务贸易限制指数

| 国家 | 总体水平 | 模式 1<br>跨境交付 | 模式 3<br>商业存在 | 模式 4<br>自然人流动 |
| --- | --- | --- | --- | --- |
| 世界平均水平 | 38.22 | 23.80 | 30.53 | 53.13 |
| 世界最高水平 | 95 | 100 | 100 | 100 |
| 世界最低水平 | 0 | 0 | 0 | 0 |
| 蒙古国 | 20 | 0 | 0 | 50 |
| 俄罗斯 | 20 | 0 | 0 | 50 |
| 韩国 | 30 | 0 | 25 | 50 |
| 中国 | 40 | 0 | 50 | 50 |
| 日本 | 50 | 0 | 50 | 75 |
| 东北亚平均水平 | 32 | 0.00 | 25 | 55 |

资料来源：世界银行服务贸易限制数据库，http://iresearch.worldbank.org/。

(2) 审计

世界在审计部门呈中度开放，刚果、乌拉圭等 4 个国家开放程度最高，哥斯达黎加完全封闭审计部门。世界整体在模式 1 跨境交付呈中度开放，新西兰、中国等 44 个国家完全开放模式 1 跨境交付，法国、巴西等 36 个国家完全封闭模式 1 跨境交付。世界整体在模式 3 商业存在呈中度开放，俄罗斯、西班牙等 21 个国家完全开放模式 3 商业存在，土耳其、印度等 9 个国家完全封闭模式 3 商业存在。世界整体在模式 4 自然人流动开放程度较低，毛里求斯完全开放模式 4 自然人流动，土耳其、也门等 10 个国家完全封闭模式 4 自然人流动。

表 22 是东北亚各国及世界总体在审计部门的服务贸易限制指数。东北亚地区在审计部门呈中度开放，高于世界平均水平，俄罗斯属于高开放水平国家，蒙古国、中国、韩国呈中度开放，日本属于低开放水平国家。东北亚地区在模式 1 跨境交付开放程度较低，低于世界平均水平。

其中俄罗斯、中国完全开放模式1跨境交付，蒙古国、韩国、日本完全封闭模式1跨境交付。东北亚地区在模式3商业存在呈中度开放，高于世界平均水平。其中俄罗斯完全开放，韩国、蒙古国开放程度较高，日本、中国呈中开放程度。东北亚地区在模式4自然人流动开放程度较低，低于世界平均水平，俄罗斯、韩国、蒙古国开放程度较高，中国、日本开放程度较低。

表22 东北亚各国及世界总体审计部门服务贸易限制指数

| 国家 | 总体水平 | 模式1<br>跨境交付 | 模式3<br>商业存在 | 模式4<br>自然人流动 |
| --- | --- | --- | --- | --- |
| 世界平均水平 | 48.22 | 46.88 | 38.46 | 58.65 |
| 世界最高水平 | 100 | 100 | 100 | 100 |
| 世界最低水平 | 10 | 0 | 0 | 0 |
| 俄罗斯 | 20 | 0 | 0 | 50 |
| 蒙古国 | 50 | 100 | 25 | 50 |
| 中国 | 50 | 0 | 50 | 75 |
| 韩国 | 50 | 100 | 25 | 50 |
| 日本 | 70 | 100 | 50 | 75 |
| 东北亚平均水平 | 48 | 60.00 | 30 | 60 |

资料来源：世界银行服务贸易限制数据库，http：//iresearch.worldbank.org/。

#### 2. 法律

世界整体在法律部门开放程度较低，乌拉圭开放程度最高，埃塞俄比亚完全封闭法律部门。世界整体在模式1跨境交付开放程度较低，土耳其、西班牙等79个国家完全开放模式1跨境交付，日本、印度等9个国家完全封闭模式1跨境交付。世界整体在模式3商业存在呈中度开放，秘鲁、乌拉圭等18个国家完全开放，印度、约旦等13个国家完全封闭。世界在模式4自然人流动总体呈中度开放，乌拉圭、巴拉圭开放程度最高，泰国、也门等7个国家完全封闭。

表23是东北亚各国及世界总体在法律部门的服务贸易限制指数。东北亚地区在法律部门的总体开放程度低于世界平均水平，开放程度较低，蒙古国、俄罗斯、日本的开放程度分别为高、较高、较低，中国、韩国的开放程度低。东北亚地区在模式1跨境交付的总体开放程度低于世界平均水平，开放程度较低，蒙古国、俄罗斯、中国、韩国完全开放模式1跨境交付，日本完全封闭模式1跨境交付。东北亚地区在模式3商业存在的总体开放程度高于世界平均水平，呈中度开放，蒙古国、俄罗斯完全开放，日本、中国、韩国的开放程度分别为中、低、低。东北亚地区在模式4自然人流动的总体开放水平低于世界平均水平，开放程度较低，日本、蒙古国开放程度高，俄罗斯、中国、韩国开放程度低。就中国来说，其对特定类型的法律实体进行诸多限制，如：仅限于合资企业形式（允许外资拥有多数股权）；要求与中方专业机构进行合作，只能以代表处的形式提供服务，不能建立分支机构等。这些措施在一定程度上是为了保护中国幼稚产业的发展。

表23 东北亚各国及世界总体法律部门服务贸易限制指数

| 国家 | 总体水平 | 模式1<br>跨境交付 | 模式3<br>商业存在 | 模式4<br>自然人流动 |
| --- | --- | --- | --- | --- |
| 世界平均水平 | 51.76 | 14.18 | 43.83 | 63.30 |
| 世界最高水平 | 100 | 100 | 100 | 100 |
| 世界最低水平 | 11.7 | 0 | 0 | 25 |
| 蒙古国 | 23.3 | 0 | 0 | 50 |
| 俄罗斯 | 40 | 0 | 0 | 83.33 |
| 日本 | 53.3 | 100 | 50 | 50 |
| 中国 | 80 | 0 | 83.33 | 83.33 |
| 韩国 | 83.3 | 0 | 83.33 | 91.67 |
| 东北亚平均水平 | 55.98 | 20.00 | 43.332 | 71.666 |

资料来源：世界银行服务贸易限制数据库，http://iresearch.worldbank.org/。

(1) 国外法律咨询

世界整体在国外法律咨询部门开放程度较低，塞内加尔、特立尼达和多巴哥完全开放此部门，埃及、埃塞俄比亚完全封闭国外法律咨询部门。世界整体在模式 1 跨境交付开放程度低，卡塔尔、法国等 79 个国家完全开放，日本、印度等 9 个国家完全封闭。世界在模式 3 商业存在总体开放程度较低，意大利、瑞典等 40 个国家完全开放模式 3 商业存在，埃及、印度等 13 个国家完全封闭模式 3 商业存在。世界在模式 4 自然人流动总体开放程度较高，卡塔尔等 6 个国家完全开放模式 4 自然人流动，埃及、也门等 9 个国家完全封闭模式 4 自然人流动。

表 24 是东北亚各国及世界总体在国外法律咨询部门的服务贸易限制指数。东北亚地区在国外法律咨询部门的总体开放程度低于世界平均水平，开放程度较低，蒙古国、俄罗斯开放程度高，中国开放程度较低，韩国、日本开放程度低。东北亚地区在模式 1 跨境交付的总体开放程度低于世界平均水平，开放程度较低，蒙古国、俄罗斯、中国、韩国完全开放模式 1 跨境交付，日本完全封闭模式 1 跨境交付。东北亚地区在模式 3 商业存在的总体开放程度高于世界平均水平，呈中度开放，蒙古国、俄罗斯完全开放模式 3 商业存在，日本、中国、韩国的开放程度较低。东北亚地区在模式 4 自然人流动的总体开放程度低于世界平均水平，开放程度较低，蒙古国、俄罗斯、中国、日本开放程度较高，韩国开放程度较低。自 2009 年 9 月起，外国持牌专业人士可在韩国执业，但须符合某些条件。申请人必须在韩国律师协会注册为外国法律顾问，但须经司法部长批准。《劳工法》只适用于与韩国有贸易协定的国家。这是外国律师在法律方面所面临的最大障碍。

表24 东北亚各国及世界总体国外法律咨询部门服务贸易限制指数

| 国家 | 总体水平 | 模式1<br>跨境交付 | 模式3<br>商业存在 | 模式4<br>自然人流动 |
| --- | --- | --- | --- | --- |
| 世界平均水平 | 35.82 | 14.18 | 32.93 | 49.52 |
| 世界最高水平 | 100 | 100 | 100 | 100 |
| 世界最低水平 | 0 | 0 | 0 | 25 |
| 蒙古国 | 20 | 0 | 0 | 50 |
| 俄罗斯 | 20 | 0 | 0 | 50 |
| 中国 | 40 | 0 | 50 | 50 |
| 韩国 | 50 | 0 | 50 | 75 |
| 日本 | 60 | 100 | 50 | 50 |
| 东北亚平均水平 | 38 | 20.00 | 30 | 55 |

资料来源：世界银行服务贸易限制数据库，http://iresearch.worldbank.org/。

（2）国内法律咨询

世界整体在国内法律咨询部门呈中度开放，塞内加尔完全开放此部门，土耳其、埃塞俄比亚等12个国家完全封闭国内法律咨询部门。世界整体在模式3商业存在呈中度开放，秘鲁、新西兰等21个国家在模式3商业存在没有限制，巴拿马、印度等26个国家完全封闭。世界在模式4自然人流动总体呈中度开放，塞内加尔、科威特完全开放模式4自然人流动，泰国、中国等25个国家完全封闭模式4自然人流动。

表25是东北亚各国及世界总体在国内法律咨询部门的服务贸易限制指数。东北亚地区在国内法律咨询部门的总体开放程度低于世界平均水平，开放程度较低，蒙古国开放程度高，俄罗斯、日本开放程度较高，中国、韩国完全封闭此部门。东北亚地区在模式3商业存在的总体开放程度低于世界平均水平，呈中度开放，蒙古国、俄罗斯完全开放模式3商业存在，日本呈中度开放，中国、韩国完全封闭。东北亚地区在模式

4 自然人流动的总体开放水平低于世界平均水平，开放程度较低，蒙古国、日本开放程度较高，俄罗斯、中国、韩国完全封闭模式 4 自然人流动。

表 25　东北亚各国及世界总体国内法律咨询部门服务贸易限制指数

| 国家 | 总体水平 | 模式 3<br>商业存在 | 模式 4<br>自然人流动 |
| --- | --- | --- | --- |
| 世界平均水平 | 57.81 | 48.08 | 67.55 |
| 世界最高水平 | 100 | 100 | 100 |
| 世界最低水平 | 0 | 0 | 0 |
| 蒙古国 | 25 | 0 | 50 |
| 日本 | 50 | 50 | 50 |
| 韩国 | 100 | 100 | 100 |
| 中国 | 100 | 100 | 100 |
| 俄罗斯 | 50 | 0 | 100 |
| 东北亚平均水平 | 65 | 50 | 80 |

资料来源：世界银行服务贸易限制数据库，http://iresearch.worldbank.org/。

（3）法庭出庭代表

世界整体在法庭出庭代表部门呈中度开放，巴拉圭、乌拉圭开放程度最高，韩国、印度等 15 个国家完全封闭此部门。世界整体在模式 3 商业存在呈中度开放，英国、俄罗斯等 21 个国家完全开放模式 3 商业存在，中国、印度等 29 个国家完全封闭模式 3 商业存在。世界在模式 4 自然人流动总体开放程度较高，巴拉圭、乌拉圭完全开放，泰国、俄罗斯等 27 个国家完全封闭。

表 26 是东北亚各国及世界总体在法庭出庭代表部门的服务贸易限制指数。东北亚地区在法庭出庭代表部门的总体开放程度低于世界平均水平，开放程度较低，蒙古国开放程度高，俄罗斯、日本开放程度较高，

中国、韩国完全封闭此部门。东北亚地区在模式 3 商业存在的总体开放程度高于世界平均水平，呈中度开放，蒙古国、俄罗斯完全开放模式 3 商业存在，日本呈中度开放，中国、韩国完全封闭模式 3 商业存在。东北亚地区在模式 4 自然人流动的开放水平低于世界平均水平，开放程度较低，蒙古国、日本开放程度较高，俄罗斯、中国、韩国完全封闭模式 4 自然人流动。

表 26　东北亚各国及世界总体法庭出庭代表部门服务贸易限制指数

| 国家 | 总体水平 | 模式 3 商业存在 | 模式 4 自然人流动 |
| --- | --- | --- | --- |
| 世界平均水平 | 61.66 | 50.48 | 72.84 |
| 世界最高水平 | 100 | 100 | 100 |
| 世界最低水平 | 12.5 | 0 | 25 |
| 蒙古国 | 25 | 0 | 50 |
| 俄罗斯 | 50 | 0 | 100 |
| 日本 | 50 | 50 | 50 |
| 韩国 | 100 | 100 | 100 |
| 中国 | 100 | 100 | 100 |
| 东北亚平均水平 | 65 | 50 | 80 |

资料来源：世界银行服务贸易限制数据库，http：//iresearch.worldbank.org/。

## 四、小结

在不同的服务部门、不同服务提供模式下，通过比较东北亚各国服务贸易限制指数与世界平均服务贸易限制指数水平，对东北亚国家服务贸易开放程度进行分析后可知，东北亚国家服务贸易总体开放程度高，各国均在模式 4 自然人流动的服务贸易壁垒相对较高，在模式 3 商业存在的服务贸易壁垒相对较低。东北亚国家的零售分销部门、金融服务部门属于开放度较高的服务贸易部门，服务贸易限制指数均低于20；运输部门属于中度开放的服务贸易部门，服务贸易限制指数介于20—30之间；电信部门、专业服务部门属于开放度较低的服务贸易部门，服务贸易限制指数均在30以上。东北亚国家各部门的限制指数均低于50，服务部门整体开放程度较高。从2014年至2017年，东北亚各国的服务贸易限制指数来看，日本、韩国的开放度略有提高，这是由于两国是发达国家，本身在国际贸易市场中就有很强的竞争力；中国、俄罗斯的开放程度基本不变，甚至在一些部门的开放度略有下降，两国所采取的一些限制措施都是为了保护本国国内幼稚产业或弱势产业的发展。蒙古国是五国中开放度最高的国家，蒙古国由于自身经济并不发达，缺乏竞争力，因此国内也缺乏一些必要的限制措施。可见，中国目前在集中精力发展幼稚产业的同时，应注重相关部门的服务贸易开放程度，吸收国外的先进技术和经验，尝试以国外发达产业来带动国内产业进一步发展。

思想与社会

# 中日韩农村老龄化应对模式比较：
# 基于农村建设的视角[*]

崔桂莲[**]

**摘　要**　在比较分析中日韩三国的农村老龄问题以及基于农村建设视角的应对措施后得出，三国的农业生产方式、农村发展前景以及农民养老模式趋同，但日韩两国的社会保障制度、贫困程度、教育方式、法律体系、产业模式等与中国有所不同。中国有必要借鉴日韩经验，强化教育引导和法律保障、完善社保制度、引导组织和企业助老、推动产业融合和生态宜居。

**关键词**　农村老龄化　中日韩　农村建设　社会保障

## 一、引言

从历史发展视角来看，农村、农业和农民（"三农"）在促进国家工业和城市发展、维护社会稳定等方面发挥了重要作用，但工业化与城

---

[*] 本文为教育部人文社科研究青年基金项目"农村老龄化背景下的新农村建设转型研究"（15YJCZH021）、齐鲁工业大学人文社科优秀青年学者支持计划（SKRC15-14）。

[**] 崔桂莲，齐鲁工业大学（山东省科学院）金融学院副教授。

市化却导致农业生产趋于停滞、农村"空心化"等现象日益严重。同时，农村老龄化现象已十分普遍，因而农村老龄化是经济发展和城乡人口流动的必然结果，同时也加剧了"三农"的弱势效应。

中日韩三国拥有相同的儒家文化和农耕文化，在无移民的状态下于20世纪后半期依靠本国富足的劳动力创造了独特的东亚模式，实现了经济的飞跃发展。但当三国人口增长率达到"刘易斯转折点"以后，劳动年龄人口出现加速递减趋势，"东亚奇迹"与人口红利逐渐消失，农村表现尤为突出。现在，日、韩、中分别是全球老龄化率最高、老龄化速度最快以及老年人口最多的国家。由于三国的农村状况差别较大，即中国农村面积大、人口多、地形复杂、城乡差别大，而日韩两国农村耕地少、人口相对分散、城乡差别不大，因而三国政府的施策重点与扶持力度有所不同。由于三国农村老龄化的开始时间与严重程度不同，日本已具备相对完善的农村老龄化应对方案，韩国一直在借鉴日本经验，中国也正在探索适合本国国情的应对策略。因而在中国全面实施乡村振兴战略的背景下，日韩两国的应对经验对中国具有示范性参考和借鉴意义。

人口老龄化具有显著的城乡倒置特征，农村的老龄化比城市更严重，应采取不同于城市的特殊应对方案。中日韩三国的农村老龄化中，日本最严重，韩、中次之。当前，新型城镇化政策的实施与户籍的放开加快了中国农村中青年劳动力流入城镇的步伐，而且即使城镇化速度逐渐放慢，农村老龄化速度也不会变慢。但农村经济的低水平发展导致中国农民对养老保障制度产生了较强的依赖性，地域非均衡发展又加剧了贫困地区的农村老龄化程度，因而通过比较三国的农村老龄化应对模式并基于中国国情和日韩经验，将更有效地解决中国农村老龄问题。

## 二、中日韩农村老龄问题

### （一）中国农村老龄问题

工业化与城镇化是中国农村劳动力前往城市（镇）就业和生活的主要影响因素。2000年至2016年，中国农村人口减少了2.2亿。农村老龄化日益严重，出现了大量的空巢家庭、空心村、土地闲置以及农业后继人才短缺等现象。2015年，中国60岁以上的农村老年人口比重达到了48.0%。[①] 由于农村大部分的80后至00后不懂农业生产技术，而由75岁以下的中低龄老年人承担了主要的生产任务，因而农业生产模式比较单一。虽然家庭农场、农民专业合作社等经济组织流转了部分农民土地，但大部分老年农民仍保留着"口粮田"。而且，由于粮食价格较低、化肥与农药价格以及人工费上涨、农产品供需失衡导致价格下跌或滞销等多种因素的影响，老年农民年均农业收入太少。同时，老年农民受教育水平低导致技术培训转化率低，难以推广现代化生产模式。

王春光等（2018）把中国农民分成7个层次，认为兼业务农人群在增加。[②] 事实上，为维持生计或者减轻子女负担，很多老年农民都在农闲时节打工，但获得的工资并不高。同时，老年农民的保障性收入为基础养老金70元，由于之前农民个人缴费较少，因而现今65岁以上的农民养老金大都在90—150元。农村老年人的低收入水平导致因病致贫返贫率较高，尤其农村独居、高龄、（半）失能失智等老年人的贫困率较高。

---

[①] 民政部：《三部门发布第四次中国城乡老年人生活状况抽样调查成果》，http：//www.mca.gov.cn/article/zwgk/mzyw/201610/20161000001974.shtml。

[②] 王春光、赵玉峰、王玉琪：《当地中国农民社会分层的新动向》，《社会学研究》2018年第1期，第67页。

2015年，农村老年贫困率达到了23.65%。① 而且，农村老年人的住所不适、老化以及精神孤独等问题突出，但农村免费养老机构较少且地区分布不均衡，无法容纳全部有养老需求的老年人。并且农村长期护理保险制度尚未建立，专业养护人员短缺，农村老年人难以享受到专业的医疗保健、康复护理、精神慰藉等服务。此外，不少乡村卫生院的医疗条件较差，有些医药费不在城乡居民基本医疗保险的报销范围之内，农村老年医疗负担仍然很重。

## （二）日本农村老龄问题

工业化与城市化的发展导致1960年至2000年的日本农村人口大量流入了城市。据《日本内阁白皮书（2017）》的数据显示：2016年，日本农村老龄化率达到了40%左右。预计到2050年，农村人口将呈现逐年递减趋势，但山村65岁以上的老年人口将比2010年增长16.6%，老龄化率超过50%和少于9人的丘陵村和山村将比2010年分别增加9198个和10689个。② 日本还存在20个老龄化率超过50%的市町村以及无村的兵库、香川、广岛等都道府县。

日本农村的少子化与农业劳动力老化现象也很严重。预计到2050年，无14岁以下人口的日本村庄将增至9526个。2010年至2016年，日本的农户数量呈现逐年递减趋势，但65岁以上的高龄农户比重由28.1%增加到了39.7%。③ 据日本农林水产省农林业普查统计（2015）结果显

---

① 民政部：《精准帮扶农村困境老人》，来源：中国社会报，2016年3月15日，http://mzzt.mca.gov.cn/article/elyllh/mzjzxlh/201603/20160300881245.shtml。
② [日] 桥诘登：《人口减少与高龄化对农村社会的影响——根据2050年农村人口与聚落结构的预测结果》，东京：农林水产政策研究所，2014年10月28日，第19页。
③ [日] 农林水产省：《不同领域分类/农户数、承担者、农地等》，http://www.maff.go.jp/j/tokei/kouhyou/kensaku/bunya1.html。

示：2015年的日本农业人口比2010年减少了20%，但平均年龄却增加了0.5岁，同时骨干农民减少了13.8%。而且，弃耕现象也很严重，弃耕地达到了42.4万公顷，创下了1975年以来的最大值。① 而东日本大地震灾区——岩手、宫城、福岛3县的农业生产者也减少了22.6%。②

（三）韩国农村老龄问题

出口主导型重化学工业政策与首尔等大城市的集中开发导致韩国农村人口比重由1970年的58.8%降至2015年的18.4%。现在，82个郡中有52个郡的人口不足5万人，10年内将减至2万人以下（邑人口标准）。同时，农村老龄化呈现持续快速增长趋势，65岁以上的农户比重已由2000年的21.7%增至2016年的40.3%，而其中，农村老年单人户所占比重较高。③ 与首都圈相比，地方的农村老龄化更严重。全罗北道农村的独居老年人占农村总人口的28.7%，其中患病老年人占66.5%。同时，农户家庭支出与负债率不断增加。2013年，26.9万中小农户的平均收入为2799万韩元，而支出却达到了2741万韩元，储蓄率极低。④

少子和老龄化导致韩国农业生产环境持续恶化。据韩国统计厅（2015）数据显示，2011年至2014年，有农业生产后继者的农户比重一直低于10%。而2010年至2016年，65岁以上的务农人口比重与80岁以上的务农人口数量分别由46.4%和49727人增至55.5%和102905人。并

---

① ［日］农林水产省：《平成27年度食料·农业·农村白书——平成28年度食料·农业·农村施策概要》，东京：农林水产省2016年5月17日，第17—18页。
② 《人口老龄化！日本农民越来越少 越来越老》，来源：新华网，2015年11月29日，http：//world.people.com.cn/n/2015/1129/c157278-27867985.html。
③ ［韩］金炳率、李明基：《2018年10大农政热点（第160号）》，首尔：韩国农村经济研究院2018年版，第13页。
④ ［韩］KOSIS国家统计总览，http：//kosis.kr/statisticsList/，2014年。

且2013年至2016年的返乡务农人口中50岁以上人口由65.8%增至71.3%。①因而，规模化生产在韩国农村难以实现，农业基础设施也很薄弱，老年收入较低。而且，农村老年工作岗位不足，很多健康无工作的老年人抑郁或孤独死亡，老年自杀率于2015年位列经济合作与发展组织（OECD）首位（49.6%）。

## 三、中日韩农村老龄化应对措施

### （一）中国农村老龄化应对措施

政府政策与财政扶持改变了中国大部分农村的落后面貌，为应对农村老龄化创造了有利条件。尤其是新农村建设、美丽乡村建设以及精准扶贫等政策的实施改善了大部分农村地区的基础设施、生活生态环境以及贫穷无助状态，吸引了不少农民工、大学生等返乡务农、就业创业等。现在，中国政府又推行实施乡村振兴战略，通过优化农村生活环境、培育新型农业经营主体、开展老年教育活动、创造老年岗位等方式解决农村劳动力老化和农业生产停滞问题。

1. 养老保障

2006年，政府实施了农村基础养老金制度，并不断提高发放标准。同时，大多数省份为80岁以上的高龄老人提供了高龄补贴，山东等省份还为孤寡、失能（智）、高龄、空巢等老年人实施了政府购买服务的措施。部分农村地区已开始实施社区和机构养老，但"养儿防老"观念和家庭养老模式仍占主流。李俏、朱琳（2016）的研究证明，中国的东部、

---

① ［韩］KOSIS 国家统计总览，http：//kosis.kr/statisticsList/，2017年。

中部、西部和东北地区分别实行了自我养老、家庭养老以及土地养老模式。① 而为照顾孤寡、独居老年人，政府于 2006 年修订了《农村五保供养工作条例》，将农村五保纳入了国家救助体系。民政部还实施了农村最低生活保障制度、特困人员临时供养和救助制度。此外，为减轻农村婚丧负担，政府还开展了移风易俗活动并实施了丧葬费补助制度。

2. 医疗保障和社会福利

为解决因病致贫返贫问题，2002 年政府实施了新型农村合作医疗制度，2012 年推行了城乡居民大病保险试点制度，2015 年整合了城乡居民基本医疗保险，2017 年将新型农村合作医疗（新农合）人均补助标准提升至 450 元，并颁布实施了新农合跨省就医报销方案，基本实现了农村医保全覆盖。2017 年，民政部要求建立农村低保与扶贫标准同步提高、"两线合一"的工作机制，保证贫困老年人获得更多的医疗和临时救助。同时，为提供给农村散居、独居老人更多的教育服务，国务院于 2016 年要求开展适应农村老年需求的教育活动，2017 年鼓励服务行业与机构提供农村老年居家生活照料、医疗护理和精神慰藉等服务，以及失能老年人临时或短期托养照顾等服务。

(二) 日本农村老龄化应对措施

为发展农村经济，政府开展了"一村一品"为主要内容的"造村运动"，构建了农业环境保护法律体系，并采取了如增设农产品直销点、扩大网上销售、鼓励农忙帮工、推动老年就业、开展农场体验与民宿活动、促进六次产业发展、吸引退休市民返乡务农、鼓励发展地方职业院校、扩大城乡交流等农村综合发展措施。其中，退休市民居住与医疗照护场

---

① 李俏、朱琳：《农村养老方式的区域差异与观念嬗变》，《西北农林科技大学学报（社会科学版）》2016 年第 2 期，第 93 页。

所既提高了农村护理水平，又减轻了返乡市民医疗护理负担。同时，农协还对高龄农民的农业生产过程进行统一管理，提供信用购买、租赁、销售、生产加工指导、保险与受托、耕地与宅基地供给、堆肥中心设置以及农机购买等资金扶持服务。

1. 年金（养老金）制度

1947 年，政府建立了农民厚生年金制度，1957 年建立了农林渔业团体职员共济组合制度，1959 年颁布《国民年金法》后将农民纳入了国民年金保险体系，1971 年建立了农业年金制度，1977 年建立了覆盖农民的国民年金制度，1991 年实施了国民年金基金制度，2001 年建立了新的农民年金制度。而为减少个人支出，政府于 2004 年改革了年金课税制度；为增加财政收入，2005 年和 2007 年又分别增加了个人所得税和消费税。其中，低收入和无缴费能力者经个人申请和严格审查后，可免缴年金保险。20—60 周岁的农民自愿加入基础年金，65 岁后可获得基础年金和附加年金。务农 60 天以上的一类国民年金参保人中未满 60 周岁、无耕地的农民及其配偶和继承者还可以加入农业年金，退出时可获得一次性退出金。老年参保人转让经营权可领取经营权转让年金，不转让则领取老年年金。农协负责农村社会养老保险业务，构建了人身共济保险制度，并形成了三级风险分散互助共担保障机制。

2. 医疗保险和社会福利

政府于 1958 年修订《国民健康保险法》后强制农民加入国民健康保险，2000 年建立了全民医疗保险和长期照护医疗保险制度。还开展了访问照护、福利用品租赁、日间服务、志愿者服务等活动，并实施终身教育、老年驾照自愿返还、信息、通信及技术（ICT）和步行者移动支持以及构建舒适自由的村民共享社会等政策。同时，农协还开展了以医疗服务为主的健康福祉项目，提供老年福利和居家服务培训等，并兴办了老年看护中心照看独居老年人等。此外，还针对农村独居老年人设置了特殊辅助设施。2010年，日本农村老年独居与夫妇家庭的食品消费比重分别达到了56%与51.2%，预计到2020年农村生鲜食品直销店和超市（500米内不开车的情况）将由202家与245家增至249家与291家。①

### （三）韩国农村老龄化应对措施

1970年新村运动实施以后，韩国的"三农"状况发生了很大变化。从20世纪90年代开始，政府陆续实施了公共储备制、大米价格动态直补、农机购买补贴、农业基础设施改善、城乡交流、农民福利增加、女性和青年农民培育等政策，并颁布了一系列的法律法规。近年来，政府设立了返乡务农中心，每年为3000名返乡务农人员提供就业创业培训。2013年至2016年，返乡人口增加了2700多人，其中60岁以上人口增长了50%。② 而为吸引年轻人定居农村，政府还实施了返乡务农住宅扩建、空房咨询与租赁、教育培训、买地与建房资金扶持、农产品销路拓宽以及女性就业扶持等政策。同时，农协还通过经济项目、教育项目以及金融项目等保障了农村老年人的收入来源。

#### 1. 养老保障

1988年，韩国政府实施了国民年金制度，2000年实施了最低生活保障制度，2010年推出了住宅年金制度，2011年颁布了农地年金制度，2016年实施了基础年金上门服务制度。其中，农地年金参保人数逐年增加，到2025年将达到5万人。同时，政府还将100%的农地抵押评价标准改为80%以上，把参保年龄改为满65周岁，放宽了抵押财产税的期限，

---

① ［日］药师寺哲郎：《食品接触问题与高龄者的健康》，东京：农林水产政策研究所，2014年10月21日，第25页。

② ［韩］《KOSIS国家统计总览》，http：//kosis.kr/statisticsList/statisticsListIndex.do? menuId = M_01_01&vwcd = MT_ZTITLE&parmTabId = M_01_01#SelectStatsBoxDiv。

并实施了老年准备咨询项目。①

## 2. 医疗保障和社会福利

政府于 1988 年实施农村医疗保险制度后，1993 年实施了老年体检项目，1998 年建立了老年痴呆咨询中心，2005 年设立了老年保健项目，2007 年实施了痴呆早期检查项目，2013 年为地方自治团体提供了禁烟酒、身体运动等项目预算支持。政府还将种植牙的承保年龄由 2015 年的 70 岁扩大到了 2016 年的 65 岁，承担 100 万韩元以外的关节手术费，为 60 岁以上的老人提供痴呆和眼部检查补贴，并实施了急诊护士农村派遣制度。与此同时，政府于 2008 年实施了《老年长期护理保险法》，2009 年为 65 周岁以上独居老年人提供了访问服务、日间照护、痴呆家属休假补贴、短期家政服务等关照服务。政府还于 2006 年实施了幸福分享服务项目，2008 年实施了重症失能独居老人应急安全呼叫服务项目，2011 年实施了独居老人爱护延续以及免费供餐服务等项目，2014 年实施了农村老年公共设施扶持与交通模式开发项目，2017 年为全国 18 个地方均提供了 5000 万韩元以内的资金扶持。② 此外，还通过培训农村里长和妇女会长等，构建了农村老年自杀探源与咨询体系；引导农村老年机构开展了以健康休闲和学习为主的老年教育项目，并计划自 2016 年起将老年社会参与率每隔 5 年提升至 20%、25% 以及 30%。③

---

① ［韩］保健福祉部，www.mohw.go.kr/react/policy/index.jsp?PAR_MENU_ID=06&MENU_ID=064101。

② ［韩］农林畜产食品部：《农村型交通模式发掘项目改善方案在线政策讨论推进计划》，2016 年 7 月，第 5 页。

③ ［韩］保健福祉部：《第 3 个少子老龄社会基本计划》，首尔：保健福祉部 2016 年版，第 80—82 页。

# 四、中日韩农村老龄化应对模式比较

工业化带来的高工资以及城市化带来的优质教育和医疗资源以及舒适的生活环境等吸引了中日韩三国农村劳动力不断进入城市,老年人留守农村并从事农业生产,因而三国的农业生产方式、农村发展前景以及农民养老模式将呈现趋同发展态势。虽然三国的人口年龄结构变化过程相似,但农村老龄化程度却呈现日>韩>中的特征,而且中国与日韩两国的农村老龄化应对措施也存在不少差异。

## (一) 相同点

### 1. 农业老龄化导致农业生产动力不足

工业化与城镇化吸引了中日韩三国的农村年轻人进城,导致三国的农业生产人才短缺。虽然现在均有部分回流,但总体来看比重较小。目前,三国的农业生产主要依靠高龄小农务农,农业生产效率整体不高。

### 2. 少子、老龄化导致农村消失速度加快

日韩两国持续走低的人口出生率和中国长久以来的计划生育政策加重了三国的农村老龄化程度,出现了不少空巢家庭和空心村。日本已出现无村县,中韩两国也出现了农村凋敝和消亡现象,可以预测未来三国的很多农村将成为历史。

### 3. 农民高龄化要求健全养老保障机制

随着"婴儿潮"一代进入老龄化社会,中日韩三国的高龄农民数量和养老需求日益增加。日本"全民皆年金、全民皆保险、全民皆照护",韩国实施了多种年金制度以及农村医疗保险和长期照护等社会福利措施,中国的农村社会保障制度正在完善中。但随着老龄化的不断发展,三国

应进一步完善农村养老保障制度。

(二) 不同点

1. 日韩农协保护老年农民权益,中国农村组织共享机能较弱

日韩农协在推动农村建设、保护老年农民权益等方面发挥了重要作用,但中国农民专业合作社等经济组织仅增加了少数农民的收入,未惠及大多数农民。

2. 日韩老年农民机械利用率高,中国老年农民生产模式传统

日韩的农业机械化水平与农民受教育水平较高,老年农民使用农机生产的比重较高。而中国农民由于受教育水平低,部分老年农民仍采用传统农业生产模式。

3. 日韩农村法律体系完善,中国农村法律支撑不足

日本的《农民养老保险基金法》《过疏地域活性化特别措置法》等法律与韩国的《老年长期护理保险法》《农渔业经营者培育法》等法律保障了农民权益并推动了农村发展。而中国农村发展和老年农民权益保障缺乏强有力的法律支撑。

4. 日韩城—乡回流比重增加,中国乡—城流动速度加快

日韩两国制定了人口回流吸引政策,不少退休市民返乡后从事旅游业、有机农产品生产等。而中国户籍制度的放开反而加快了乡—城流动速度,同时农村落后的生活环境、设施及服务等暂时难以吸引城市居民移居农村。虽然也有部分年轻人回流,但大都在附近的城镇购房、就业与生活。

5. 韩国农村老年相对贫困,中国农村老年绝对贫困

韩国老年农民的养老金水平较低,医疗支出较多,在经济与合作发展组织国家中相对贫困率较高。而中国大部分老年农民的收入水平较低,

因病致贫返贫概率大，属于现行标准线下的绝对贫困。

6. 日韩农村已普及终身教育，中国农村刚开始老年教育

日韩两国老年农民的平均文化水平要远高于中国。日本通过《社会教育法》等发展了中等农业职业教育和终身教育，韩国通过《农村振兴法》等规范了农民培训内容，而中国近年来才开始倡导农村老年教育。

7. 日韩农村养老服务体系较完善，中国农村应建立长期照护保险制度

日韩两国的农村社会保障制度提供了较好的养老、医疗和照护服务，并且农村养老设施建设水平也较高。而中国的农村社会保障制度尚不健全，缺乏长期照护保险服务，养老设施也正处于大规模的改建与扩充阶段。

8. 日韩耕地的养老保障机能较强，中国耕地的养老保障机能较弱

日韩两国实施了农地年金制度，发挥了耕地的养老保障机能。而中国大部分耕地的价值较低，尚未发挥养老保障机能。

## 五、对中国的启示

农村老龄化既是人口惯性的老龄化，又是城镇化影响下被动的老龄化，直接影响到了"三农"的可持续发展。中日韩三国的农村老龄化发展过程大同小异，中韩日老龄化程度依次递增，但日韩两国应对老龄化的方案比中国更成熟。现在，日韩正努力寻求应对农村老龄化的可行性方案，中国也应借鉴日韩经验，制订出更加有效的农村老龄化应对方案。

第一，精准施策推动内外部共生。分地区、分类别调研农村老年人的年龄结构、教育水平、收入来源、医疗福利、就业意愿以及财政支持效果等要素后，根据中国农村老龄化的发展特征制定优惠政策，吸引全

社会关注农村老龄化和老年贫困问题。同时，政府、企业和社会也应制订针对性帮扶方案，鼓励农民参与农村建设，促进农村内外生力量共同发展。

第二，强化教育引导和法律保障。培训年轻人掌握新的农业技术，推广现代农业生产模式；扩建老年教育设施，为有就业意愿的农村老年人提供工作岗位与技术指导；引导老年人接受社会教育，增强其辨别是非与自我发展的能力；制定相关法律规范农村发展政策的落实，保障农民正当权益，推动农村发展有法可依。

第三，健全农村社会保障制度。规范耕地使用权限，提升宅基地的使用价值，逐步实施宅基地与耕地养老制度并规范其使用范围和年龄；增加财政投入，提高农村养老金比重，加速养老金、医疗保险、住宅与资产等资源的流动性，提高农村公共服务等社会安全网水平；提高政府购买服务比重与居家养老服务水平，构建农村长期照护疗养服务体系；发展农村老龄产业，形成农村经济增长新动力。

第四，发挥组织和企业助老作用。培育农业协会、老人会、妇女会等多种"为农""为老"服务的农村组织，增建民办、政府与社会合作的医养机构等；提倡志愿服务，选派专业护工与技术人员服务独居、丧偶、（半）失能失智以及养老机构内的农村老年人；非营利性企业在政府扶持下提供老年工作岗位，引导老年人适当就业；营利性企业利用部分利润改建农村老年基础设施等，将助老服务作为企业文化。

第五，推动产业融合与生态宜居。推动一二三产业融合发展，制定适合当地的农产品产供销标准，鼓励农民生产有机绿色农产品，提升食品安全意识；推动高品质的休闲文化、住宅、教育、医疗等基础设施建设，改善农村生态和居住环境，吸引市民返乡定居和生产，实现农村生态可循环和美丽宜居目标。

历史与文化

# 中华历史文化价值中的"天下共同体"

张启雄[*]

**摘　要**　在中华传统思想文化里,天下是复数国家、民族的融合,"天下共同体"是东方的理想目标。区域的"整合概念"是以"1+1+1+1+N"的形式开放加盟。"共同体"的概念,是根植于"共同"而成"一体"的基础观念。

**关键词**　天下观　"天下"概念　共同体　天下共同体

中华思想文化博大精深,中国传统的"天下观"强调主体的伦理,有着"天下情怀"。在中华关于"天下"的概念里,"国家"只是构成天下的组成部分而已。在朝代更迭史的"争天下论"里,"汉人中国"与"非汉中国"的历代王朝都可以成为天下的共主=天子;"天子统治天下"的理论与实务,最终在"中华世界帝国"中形成"天朝定制论",将中国及其四邻"融合"成为"一体",称之为"中华世界帝国"=天下。换句话说,天下是由复数国家、民族结合与融合而成的;反过来说,复数国家、民族经结合或融合也可以升华为天下。天朝对天下的统治方式,计有三种:其一,对中国本部(中央),采用实效管辖;其二,对东方沿

---

[*] 张启雄,中国台湾"中研院"近代史研究所教授。本文在发表时编辑征得作者同意,对原文进行了部分删减。

海的东邻,采取"以不治治之论"的统辖方式;其三,对北方、西方、南方等内陆地区则采取"不完全以不治治之论"的统辖方式。合中央与周边四邻就形成具体的天下,这样的天下就是"天下共同体"。为便于理解,若以今日国际关系的概念而言,或许可以比喻为"宗藩联合国",但其关系紧密,具有共存共荣、福祸与共及兴灭继绝等共同体的意识。

# 一、传统的"天下共同体"理念

在古代中国,汉与非汉的历代王朝,都是天子居中国以治天下,藩属则居外围以治其邦国,掌其部族,以藩屏天下。故中国在汉与非汉的王朝统治下,日渐扩大成为天下,天下就是中国和藩属,唯有国治才能天下平,唯有守在四夷才能安四邻平天下。此即孟子所说:"人有恒言,皆曰天下国家。天下之本在国,国之本在家,家之本在身"① 之循序渐进的道理所在。若进一步分析,天下国家=天下+国家=天下+国+家。其演进过程,皆源于血缘而组成家,再由家扩大为氏族,氏族又相互合并成为国家,国家通过宗法组织与封建制度,而走向"齐家治国平天下"的天下共同体。进一步分析而言,天下的沿海属藩,以耕读维生,故尚文治,具有国家形态,天下共主施以"以不治治之论",属于王国自治部分。天下的内陆属土,以骑马放牧为生,故尚武治,具有行国形态,天下共主则施以"不完全以不治治之论"或"不完全实效管辖论"的统治方式,属于民族自治,但是受共主监督的领域。天下共主之所以成为天下共主,乃因其建立天下共同体,既能文也能武,王霸杂之,对内设置郡县,施行"实效管辖",对外封建属藩、属土="藩属土",实行"以

---

① 《孟子》重刊宋本《十三经注疏》《离娄章句上》,台北:艺文印书馆1976年版,第127页。

不治治之论"的"民族自治、汗国自治、王国自治"等地方自治所致。

纯就历史而言，天下在历代王朝统治之下，在文化性的方位上，汉人居于天下中央，东夷、西戎、南蛮、北狄分居于四方，合中央与东西南北，称之为华夷世界，但在儒家的"王化论"框架下，经过两千年的王化与融合，东夷、西戎、南蛮、北狄均早已王化成为"小中华"，进而跃身为"中华"。因此改"华夷世界"为"中华世界"。若再将文化性的"中华世界"，透过政治学的国家概念来加以陈述的话，就形成"中华世界帝国"的概念。在"中华世界帝国"＝"天下"的概念之下，诸民族在"朝贡体制论"下，各自组成邦国，一面向天下朝贡，一面接受天下的册封，故"天下"之中，既包括称可汗的汗国，也有称国王的王国。在天下之中央则是称皇帝的帝国，也称为天朝，统辖汗国与王国，这是由多民族所共同组成的天下国家体系，在"名分秩序论"下，属于阶层型且具有伦理价值的天下国家关系，完全不同于民族国家所组成的国际关系。

唯自近代以降，东亚的天下国家关系错失了工业革命，东西方实力对比差距巨大，西方乃以中国并非"一个民族组成一个国家"的西方式民族国家或近代国家为借口实施侵略，何况中国对辖下诸多民族，一向不加"实效管辖"，既不负担义务，自然不应享受权利。这种西方式的"实效管辖领有论"与东方式的国际秩序原理完全不同，因此形成东西文化冲突。中国基于历史文化价值则采用"以不治治之论"，即取其消极性之"因人制宜、因时制宜、因地制宜、因俗制宜、因教制宜"的政策，从积极的角度而言，也可说是一种先进的"民族自治、汗国自治、王国自治"等地方自治。一般而言，"天下国家"之"天子"对于辖下"自治汗国、自治王国"的"可汗、国王"，都视为"客臣"，故都采取"不治之治"，以客礼待之，以示尊崇。

在这个意义层面上,近代以前的"中华世界帝国"可称之为"天下共同体",正因为"中国"拥有既是"国家",也是"天下"的双重身份,所以它对成员具有权衡轻重的弹性与无所不包的包容力,才能具备东方型"共同体"的初步条件。具体来说,这个传统"天下"的成员须涵盖"中国"与"四邻王国、汗国",其整合的关键概念就在于大家所"共同"具有的传统历史经验与文化价值,在这个前提下,自然产生"融合"为"一体"的天下意识。

中华传统文化的"共同体"基本概念,乃根植于"共同"而形成"一体"的基础观念。传统中国的"天下观",其实就是一种"天下共同体"的概念。以仁义之师出兵护持"天下共同体",就需要仁义之师的优势武力以维护天下共同体的秩序,虽备而不用,但须落实。按东方《中华世界秩序原理》传统的"五伦国际关系论",君父臣子之邦虽是安定天下的最高境界。中华国际体系要求"兄弟之邦"必须具备"兄友弟恭"与"兄前弟后"的伦理典范,以供遵循。虽然"敌体抗礼"的友邦也有"朋友有信"作为规范,然而孟子批评它只谈"何以利吾国乎",故"友邦"间只有"交征利"而已,而见利忘义者,更所在多有。

因此,"兄弟之邦"具有伦理的实用性与规范力。从积极的一面讲,"兄弟之邦"因具有"兄友弟恭"的尊重与慈爱,足以融洽感情;即便从消极的一面讲,也有"长幼有序""兄前弟后"的"伦理典范",通过谦让,依循先后次序,以供遵行。何况即便"兄弟阋于墙"仍能"外御其侮"[1]。是故,以"兄弟之邦"的"伦理典范"作为"天下共同体"的"伦理典范",则"天下共同体"内部可通过此"兄弟之邦"的"伦理典范"而避免冲突,因此得以避免冲突,所以不会走向相互"侵略"的覆

---

[1] 《诗经·小雅·鹿鸣之什·常棣》(中华经典藏书第一卷),北京:北京出版社1999年版,第174页。

辙。更积极地展望,则"兄弟之邦"的"天下共同体"甚至可以因为"兄友弟恭"的伦理典范而实现兄弟携手共创"大同世界"的理想。就传统的"五伦国际关系论"="君臣之邦、父子之邦、夫妇之邦、兄弟之邦、朋友之邦"的稳定性而言,"天下共同体"因有其"伦理典范"作为规范和保证,故君不必侵略臣,父不必侵略子,夫不必侵略妇,兄不必侵略弟,朋友若不见利忘义的话,朋也不会侵略友,故"五伦国际关系论"中,除了朋友伦的友邦关系较为不稳定外,其余四伦的国际关系均有较高程度的稳定性。①

以往,中国(汉+非汉=华+夷)历朝历代的宗藩关系,建构了以中国为中心之"中华世界帝国"的封贡体制。如今,中国与周边国家间的封贡体制已消亡,因而也就不存在宗藩关系,"兄弟之邦"的关系也不复存在。从发展东方特点的关系看,可以重新塑造"天下共同体"的概念,倡导开放与合作的东方型"天下共同体"理念,构建基于和平共处、和合共生、合作共赢的关系与秩序机制,可以具体推进建设"航线共同体""陆线共同体"以及"空线共同体"等理想。

举例言之,海权的发展必须站在"共同体"概念的基础上,思考成立强大舰队的理想与目的、航道的成立、航线的延伸、航道沿线与停泊港湾基地的关系、停泊港湾基地与陆地的依存关系,航线与航线的衔接关系,最后则是国与国之"天下共同体"的结合关系,"天下共同体"就是巩固国与国关系的黏结剂。在陆地上所建之"陆线共同体"、在空中

---

① 张启雄:《中国规范传统国际关系的"五伦国际关系论"理论论述——五代宋辽五伦国际关系的伦理解析》,载许倬云、张广达主编:《唐宋时期的名分秩序》,台北:政大出版社2015年版,第197—244页;张启雄:『中国における伝統の国際関係の「五倫国際関係論」規範の理論構造——隋朝の「漢胡和親」における「夫婦倫」倫理秩序』,伊東貴之編『「心身/身心」と「環境」の哲学—東アジアの伝統的概念の再検討とその普遍化の試み』国際日本文化研究センター、2018年、237—275頁。

所建之"空线共同体",亦复如是。故其成败的关键仍在于,国与国的关系是不是建立在安危与共、生死同当之"共同体关系"="命运共同体"的结合,还是只是基于一时的利害关系而建立在仅止于相互利用之"非共同体观念"的结合。若是后者,则利害冲突之际,就是检验成败之时。所以"伦理典范"的提出与规范力的设计就显现出它的重要性。就区域"整合概念"而言,可以是"1+1+1+1+N"的开放形式,来决定它的幅员大小,强化它对外的生存发展竞争力。"共同体"的概念,望词生义可知,乃根植于"共同"而成"一体"的基础观念。所以,居"天下共同体"分支概念之"航线共同体"的最高境界,就是在航线所经之处,通过有无与共、贫富与共,创造安危与共、荣辱与共,进而迈向有福同享、有难同当、生死与共的"共同体"。就共同体而言,"天下共同体"乃是顶层概念,"航线共同体""陆线共同体"以及"空线共同体"都是下位概念,也是达成"天下共同体"之目标的手段。

在"共同体"概念下的海权发展,也可以使用"1+1+1+1+N"的形式,而发展出"航线共同体",然后通过"航线共同体",逐一形成"海+海",进而扩大为"海域+海域""海洋+海洋"的"海洋共同体"概念。

## 二、"天下共同体"的历史实践

"中华世界帝国"是在传统历史中,经历代历朝的华夷王朝所建构的天下。华夷民族经过不断统合,彼此文化思想不断融合、创新,终至开花结果,最后以汉族之中原为天下国家主体的区域整合,通过"中华"王化"夷狄","夷狄"则通过"华夷可变论"来逐鹿中原,而肇建王朝,入主"中华"。在华夷经过历史不断的整合后,传统中国终于演变成为广土众民的大国,具备有容乃大之"世界主义=天下"的"共同体"

思想。若将"中华世界帝国"的共同体概念，加以扼要说明的话，可以抽绎成如下图式。

  传统的天下观中，天下≈中华世界≈东亚＝中心＋周边＝我族＋他族＝华＋夷＝王畿＋藩属＝帝国＋王国＝皇帝＋国王＝册封＋朝贡＝宗藩体制＝宗主国＋藩属国＝"中华世界帝国"＝"宗藩共同体"＝"环中国共同体"。①

这种华夷混居、犬齿交错的"中华世界帝国"，为什么没有像欧洲罗马帝国般走向分崩离析，形成一个民族组成一个国家的民族国家？乃因"中华世界帝国"除了有"大一统论"的"分久必合"文化价值观之外，它在历代华夷王朝的努力下，对内还建构了"华夷可变论"。正如韩愈所称："诸侯用夷礼则夷之，夷而进于中国则中国之。"② 此即不以血统而以文化作为区分华夷的标准，中华民族因文化而融合为一。更重要的是，在夷化为华之前，在"中华世界帝国＝天下"因拥有"华夷分治论"，对外透过"以不治治之论"＝"因地制宜、因人制宜、因时制宜、因俗制宜、因教制宜"的不治之治原理统治天下，故藩属自古以来即保有"政教禁令自主"＝"民族自治""王国自治""汗国自治"之权，让广土众民的多民族国家保持着统治弹性与多样化，特别是拥有既对王国、汗国之认同的同时，也对中原天朝＝"皇帝天可汗"的多重认同。③ 此即，苏

---

① 张启雄：《外蒙主权归属交涉，1911—1916》台北："中央研究院"近代史研究所 1995 年版，第 9—19 页；张启雄：《海峡两岸在亚洲开发银行的中国代表权之争——名分秩序论观点的分析》，台北："中央研究院"东北亚区域研究 2001 年版，第 3—18 页。
② 韩愈：《韩愈文集汇校笺注》第一册卷一《原道》，北京：中华书局 2010 年版，第 3 页。
③ 张启雄：《中国国际秩序原理的转型——从"以不治治之"到"实效管辖"的清末满蒙疆藏的筹边论述》，台北：蒙藏委员会 2015 年版，第 1—157 页。

东坡在"王者不治夷狄论"中所强调:"夷狄不可以中国之治治也……先王知其然,是故以不治治之。治之以不治者,乃所以深治之也。"① 此外,还有"王道政治论"的普世价值,建设了除暴安良、以民为本的"德治"思想。于是体制化了宗藩关系,并进化成为"宗藩共同体";为了融合宗藩,更实施"封贡体制论",巩固"宗藩共同体";为了追求文化理想,保护共同历史文化价值,力倡"尊王攘夷论",以御外侮,共享儒家文化成就;并且,为了维护"宗藩共同体"的安全保障,在"中华世界秩序原理=天下秩序原理"② 基础上更建构了"兴灭继绝论"等锄强扶弱的原理,③ 再通过"王化论",以化夷为小华,进小华为中华,其目的在于通过文化与礼仪以齐华夷,因而夷化为华,民族上不再有华夷之分。

"天下,合久必分,分久必合"是伟大的历史文化价值。当天下分裂时,"大一统论"的作用就像黏合剂,在其作用下,分裂各方逐步产生融合与凝固反应,发挥出极致的正反合效应,通过华夷相互认同的"共同体观"而形成统一的"天下共同体"。最后,通过"内圣外王论"与"世界大同论",让天下能共同致力于:从内修的德治到外王的平天下,携手共同迈向"天下为公""大同世界"的富庶康庄大道,期冀实现"天下为公"的理想乌托邦。换句话说,当"天下共同体"通过"命运共同体"将"天下为公"的理念转化为有福同享,有难同当,共存共荣的"共享、共治、共有"之时,就是"大同世界"来临之际。

---

① 苏轼:《东坡全集》(四库全书荟要 集部)卷四十《论十二首》《王者不治夷狄论》,台北:世界书局1987年版,第13页,总第378—584页。
② 张启雄「中華世界秩序原理の起源——先秦古典の文化的価值」(伊东贵之译)『中国—社会と文化』、2009年第24号、71—105頁;张启雄:《中华世界秩序原理的源起》,载吴志攀、李玉、包茂红编:《东亚的价值》,北京:北京大学出版社2010年版,第105—146页。
③ 张启雄:《论清朝中国重建琉球王国的兴灭继绝观——中华世界秩序原理之一》,《第二回琉中历史关系国际学术会议报告》,那霸:琉中历史关系国际学术会议实行委员会,1989年,第495—520页。

回顾中国历史，封建时代的区域整合，经常假借"争天下论"的形式，而行武力强行统合。例如：中国史上改朝换代之"易姓革命"形式的中国统合与异族入主中华的"华夷变态"形式的中国统合，就是传统型的领域整合，不管汉或非汉的王朝，一旦进入中华世界的核心，在中国本部建立起王朝，就等于同时继承"中国+周边王国"的关系＝"宗藩封贡体制"，将华夷杂处的中华世界重新整合成为新"中华世界帝国"。例如，契丹人入主华北所建立的"辽朝"、女真人入主华北所建立的"金朝"，又如蒙古人在全中国建立的"元朝"，满洲人在全中国建立的"清朝"，它们所重新"整合"出来的"新中华世界帝国"＝"中华世界共同体"＝"环中国共同体"＝"天下共同体"。较诸历代的"旧中华世界帝国"，不但在区域整合的版图上有过之而无不及，而且在历史文化思想上仍然沿袭以儒家为主体的历史文化价值体系，并渗入异民族粗犷不羁的活力，进一步激活中华文明而开创出崭新的文明盛世。

历代中国为什么要建构宗藩体制？其道理在于"以藩屏宗"，只有通过"藩屏"才能"守于境外"，由于天子"守在四夷"，所以敌方无法直接进攻历代中国心脏，国家的安全才能安如磐石。这就是"天下共同体"之所以是福祸与共、安危同当的"命运共同体"之道理所在。这既是传统的历史文化价值，也是传统的政治智慧，更是具有深层意义之"中国"国名的来源。盖中国处四邻之中，虽大不能敌天下，虽强不可战四邻，况自毁藩屏无异于自断长城，自掘墙脚。就此而言，"天下共同体"就是中国善待四邻，推行有福同享、有难同当、命运与共之共存共荣的途径。

中国与日本、韩国曾同处儒家文化体系，然因其国家内部之次级历史文化价值与政经情势互有差异之故，故其统治方式各有不同。例如，中国以科举开科取士而治天下，日本则因武士道而以武士治国。在近代前东亚外交关系中，明朝与室町幕府为册封朝贡关系。德川家康承袭室町幕府以中国为中心的朝贡体制，于万历四十三年（1615）最终统一了日本。受命开幕后，对明朝请求勘合朝贡贸易，然为明所拒。其后，纵容萨摩藩窃据琉球，夺取琉球朝贡贸易之利。明清鼎革后，清朝威震天下，日本对清用隐蔽政策，为了隐瞒窃据琉球事，进而锁国，自立门户。江户官书《通航一览》称："朝廷定制，通信则朝鲜琉球，贸商则中国荷兰而已，其他一切却之，盖不啻其邪教之禁，亦以不待异邦诸品之给也。方今万邦林立，皆以贸易为业、商帆贾舶陆续来往于洋中，恳请通信贸商。"① 此为影响德川时代之政经情势。

中日之贸易观念大有不同。中国实行朝贡贸易，除朝贡贸易外，并册封朝贡方为国王，另给丰厚回赐，而不以追求商贸利润为目的，用以润泽属藩、安定天下，故在历史文化价值下实施具有战略思维之"朝贡体制"的政经往来。然而日本对朝贡贸易的思维，乃是为了追求贸易利润，故在东亚的主流历史文化价值之下朝贡上国，并接受上国册封，盖客观国际政经形势使然。及明清交替，其内心则怀"以清为夷，以日为华"的华夷思想。中日虽同属儒教国家，但日本国家之思想本质，并无真正的天下思想，相对的，日本之文化因华夷观念而国学思想勃兴，遂充斥着民族主义。兹举江户时代颇具儒学代表性且在日本曾脍炙人口之"山崎暗斋问弟子"史例，藉资说明，兹引述如次。

> （暗斋）尝问群弟子，曰："方今彼邦，以孔子为大将，孟子为副将，率骑数万来攻我邦，则吾党学孔孟之道者，为之如何？"弟子咸不能答，曰："小子不知所为，愿闻其说。"曰："不幸若逢此厄，则吾党身被坚，手执锐，与之一战，擒孔孟以

---

① 林韑编：『通航一览』第一「序」、清文堂复刻版1967年版。

报国恩，此即孔孟之道也。"①

此即江户时代日本国学者假儒学之名，行国学之实的民族主义，以致结出"橘逾淮则为枳"的枳果。日本的国学虽启蒙于儒学，但其精神内涵则将儒学改为国学，与原先的儒学具有本质的不同，并将以中国为儒学主体之学调换成为以日本为主体之学，更将宽广的天下思想转换成狭隘的民族主义，并以武将取代士大夫，以武道取代儒学。

明治维新以后，日本因"文明开化"政策走向西洋化，因"殖产兴业"而走向富国强兵，因接受《万国公法》而抛弃东方固有的国际秩序原理，于是有福泽谕吉的《脱亚论》，从此脱亚入欧，并倡以列强之道对待中韩"恶友"。因此出兵击败清朝，殖民朝鲜、中国台湾，击败俄国夺取中国东北，提出北进中国入北京，南进中国台湾、福建入南京的"争天下论"，最后更南下进击南洋（东南亚）企图建立"大东亚共荣圈"，最终失败。

在朝鲜，自李氏建国即重文轻武，乃崇尚朱子学的"儒教"之邦，是通过科举开科取士的文治大国。它所崇尚的儒学源远流长，根据中韩文献记载，始于箕子朝鲜。箕子治下的朝鲜，无异大同世界。根据朝鲜大儒李珥称："箕子乃避中国，东入朝鲜。中国人随之者五千，诗书礼乐医巫阴阳卜筮之流，百工技艺皆从焉。武王闻之，因封以朝鲜，都平壤。初至言语不通，译而知之。教其民以礼义农蚕织作，经画井田之制。设禁八条，其略：相杀偿以命，相伤以谷偿。相盗者，男没其为家奴女为婢，欲自赎者人五十万，虽免为民，俗犹羞之。嫁娶无所售，是以其民不盗，无门户之闭，妇人贞信不浮。辟其田，野都邑，饮食以笾豆。崇

---

① ［日］原善（念斋）：《先哲丛谈》卷之三，古籍和刊版 1816 年版，第 4—5 页；山崎闇斋『山崎闇斎全集』ぺりかん社復刻版、1978 年、1 頁。

信让笃儒术，酿成中国之风教。以勿尚兵斗，以德服强暴，邻国皆慕其义归附。衣冠制度，悉同乎中国。"① 故朝鲜自箕子避华入韩以降，即摇身一变，由东夷跃身为"衣冠制度，悉同乎中国"的小华，甚至比美中华。此乃朝鲜立足中华世界之起点，为其文治之始，乃华非夷也。其后，朝鲜藉地利之便中转，将体得之儒家文化与文明传播到日本，成为儒家文化、文明体系下的先进者，从而创造出它在"中华世界帝国＝天下"之国际地位。

明末，丰臣秀吉趁明朝衰颓之机侵寇朝鲜，致朝鲜国破家亡。中国亦基于"中华世界秩序原理"的"兴灭继绝论"，以中朝宗藩关系行"兴灭继绝"，遂出兵援朝，为朝鲜王朝存国存祀。明清鼎革后，朝鲜为纪念明朝的再造之恩，乃建立大报坛，并以崇祯年号纪元，力行儒家文化，深化朱子学的官学地位，并深信中华文化的中心，已由清朝东移朝鲜。据此，朝鲜名儒李种徽因心系天下的中华文化传承之争，乃强调：朝鲜乃箕子所封之地，文物礼乐兼备，为声闻天下之"古君子国"，"自满藩入主中国，而中国之教，荡然无复存者。髡首左衽，欲求其所谓中国而不可得矣……今之求中国者，宜在此而不在彼"。② 这种观念为朝鲜奠定了"以文化争天下"的理论基础，使其成为儒学文化大国。

自满清灭明后，朝鲜即以中国亡于鞑靼，夷狄入主中华，故中华已沦为夷狄。于是，四顾寰宇，除了中国已沦为夷狄之外，其余藩邦皆为小华，朝鲜乃力图化小华为中华，并以中华文化之继承者自任，以复兴中华文化为职志，因而自许为唯一中华。因秉持儒家天下观，抱"以天

---

① ［韩］李珥：《栗谷全书》卷之十四《杂着》一《箕子实记》，《韩国文集丛刊》第44册，民族文化推进会，1988年，第292页；（南朝）范晔：《后汉书》卷一百十五《东夷传》第七十五，台北：台湾中华书局1965年版，第7—8页。
② 李种徽：《修山集》卷之十《题后》《题东国舆地胜览后》，《韩国文集丛刊》第247册，民族文化推进会，2000年，第499页。

下为己任"之志，故朝鲜矢志复兴儒家文化，遂摇身一变，成为身体力行的儒教大国，儒教文化因之而盛极一时。其中，尤以朱子学之成就享誉传统天下学界。

1894年，中（清）日爆发甲午战争，翌年，清朝战败，朝鲜沦为日本殖民地。对一向自许为中华，并视日本为夷狄的朝鲜而言，无异天地颠倒。震撼之余，乃开始检讨朝鲜朱子学已不符近代时宜。日本殖民当局刻意贬低朝鲜儒学，并灌输殖民史观，批判朝鲜民族缺乏独创性，一味依赖清朝，因而朝鲜出现反殖民史观与爱国浪潮。[①] 国破家亡激发出朝鲜的民族主义，于是舍天下思想而就爱国主义。

二战以后，中国与日本和韩国[②]的政治都发生了巨大的变化，进入现代化进程，发展的途径大不相同，国家间的关系、地区关系与结构也都发生根本性变化。无论是双边关系，还是地区关系，都是建立在现代国家的主权基础之上，并且形成了新的关系架构，同时，中国、日本、韩国建立了不同的政治制度，历史翻开了新的一页。

## 三、结语

当今，随着各国之间的相互联系与相互利益加强，各种形式的双边与区域合作也在发展，其中包括不同形式的共同体倡议与建设。比如，东亚地区的专家就提出了构建"东亚共同体"的主张[③]，也有不少专家提出了构建"东北亚共同体""东北亚经济共同体"的倡议，而东南亚

---

① 姜智恩：《东亚学术史观的殖民扭曲与重塑——以韩国"朝鲜儒学创见模式"的经学论述为核心》，《中央研究院中国文哲研究集刊》第44期，2014年3月，第173—211页。

② 朝鲜半岛分裂成南北两国国家——北方的朝鲜与南方的韩国，各自实行不同的政治制度。

③ 指2001年由东亚13个国家的专家组向"东盟+中日韩"合作领导人会议提出的一份关于推动东亚共同体的报告。

10个国家已经建成了独具特色的"东盟共同体",等等。足可见,"共同体"一直存在着坚实思想的基础与实践动力。

温故可以知新,本文回顾与研究中华传统文化中的"天下共同体"思想也许有一定的现实意义。中华民族正在复兴,中国提出了构建"人类命运共同体""周边命运共同体"的倡议,尽管今天的倡议的意图和含义不同于历史上的"天下共同体",也不是为了恢复历史上的"华夷秩序""封疆体制",但中华传统文化里关于"兄弟之邦""协和万邦""福祸与共""安危同当"等理念,对于构建现代的"命运共同体"还是具有参考价值的。

# 新罗的起源与民族构成[*]

高福顺[**]

**摘　要**　新罗受中华文明影响至深，不论文字、制度、思想均从中华文明中受益良多。新罗国初无文字，以刻木为信，随着新罗与中国交往的增多，中国文字逐渐传入新罗地区。新罗的儒家思想文化始于唐之前，发展相当缓慢，新罗真兴王六年，开始出现关于新罗国史的著述。隋时，新罗开始使用中国文字，儒家思想文化渐兴。与唐建立藩属关系后，新罗国的儒家思想文化发展迅速，一跃成为东方的"小中华"。"君子之国""礼仪之邦"是唐时对新罗国儒家文化繁荣的写照。

**关键词**　辰韩　新罗　思想文化　王族　民族整合

新罗是以辰韩为主体，于朝鲜半岛东南隅建立的政权。经历漫长的历史蜕变，在吞并周边诸古族方国的过程中，新罗逐渐发展成为成熟国家。有关新罗的起源，关乎新罗主体民族起源及其发展过程之民族流变，向来是新罗史研究的焦点，这方面中国、朝鲜、韩国、日本均有许多成果突出的专家学者，其中代表性的有中国的刘子敏、苗威、孙泓等先生，朝鲜半岛则有李丙焘、丁仲焕、金贞培、千宇宽、文暻铉、李钟旭、李

---

[*]　本文为教育部哲学社会科学研究重大委托项目（项目批准号：16JZDW005）的中期成果。
[**]　高福顺，吉林大学文学院中国史系教授、博士生导师。

贤惠、金元龙、李基白、申滢植、李基东、李成周等先生,日本则有之今西龙、末松保和、井上秀雄、滨田耕策、村上四男等先生。①虽然中韩日学者对新罗的起源与民族构成已进行了大量研究,达成诸多共识,然而某些认知仍有必要作进一步的深入讨论。有鉴于此,本文拟在前贤研究基础上,就新罗的起源与民族构成作系统梳理,尤其是对文献记载的差异作深入辨析,并试述己见。

## 一、新罗的起源

有关新罗起源,文献典籍多有简略记载,如《梁书》《北史》等认为:"新罗者,其先本辰韩种也。"②《通典》云:"新罗国,魏时新卢国焉,其先本辰韩种也。"③《旧唐书》曰:"新罗国,本弁韩之苗裔也。"④《新唐书》称:"新罗,弁韩苗裔也。"⑤《新五代史》云:"新罗,弁韩之遗种也。"⑥可见,史家姚思廉、李延寿、杜佑等主张新罗起源于辰韩,而刘昫、欧阳修、刘祁等史家则主张新罗起源于弁韩。由于古代史家对新罗起源认识存在差异,导致当代治新罗史的专家学者之观点也不尽相

---

① [韩]朱甫暾:《新罗史研究50年的成果和展望》(拜根兴译),《陕西师范大学继续教育学报》2006年第3期,第45—52页;《序论·我国的新罗史研究》,载[日]末松保和:《新罗的政治与社会》(上),东京:吉川弘文馆1995年版,第1—7页。

② (唐)姚思廉:《梁书》卷五十四《东夷·新罗传》,北京:中华书局1973年标点本,第805页;(唐)李延寿:《北史》卷九十四《新罗传》,北京:中华书局1974年标点本,第3122页。

③ (唐)杜佑:《通典》卷一百八十五《边防一·东夷上·新罗》,北京:中华书局1988年标点本,第4992页。

④ (后晋)刘昫等:《旧唐书》卷一百九十九上《东夷·新罗传》,北京:中华书局1975年标点本,第5334页。

⑤ (宋)欧阳修、刘祁:《新唐书》卷二百二十《东夷·新罗传》,北京:中华书局1975年标点本,第6202页。

⑥ (宋)欧阳修:《新五代史》卷七十四《四夷附录第三》,北京:中华书局1956年标点本,第920页。

同，赞同起源于辰韩者有之，如刘子敏、① 苗威、② 孙泓、③ 文暻铉、④ 李基白、⑤ 村上四男⑥等，而赞同起源于弁韩者亦有之，如李丙焘⑦等先生。由此看来，新罗究竟是起源于辰韩还是弁韩，有必要作进一步探究和论证。

与中国相关文献典籍相比，朝鲜半岛的文献典籍对新罗民族的起源记载相对更加详细，如高丽朝金富轼所撰《三国史记》，对新罗始祖的记载信息如下：

> "姓朴氏，讳赫居世。前汉孝宣帝五凤元年甲子四月丙辰，即位，号居西干，时年十三，国号徐那伐。先是，朝鲜遗民分居山谷之间，为六村：一曰阏川杨山村，二曰突山高墟村，三曰觜山珍支村，四曰茂山大树村，五曰金山加利村，六曰明活山高耶村，是为辰韩六部。"⑧

有关辰韩六村，高丽僧人一然撰《三国遗事》时对金富轼《三国史记》之信息做出进一步补充，在"辰韩之地，古有六村"之后曰：

---

① 刘子敏：《关于古"辰国"与"三韩"的探讨》，《社会科学战线》2003年第3期，第131—138页。

② 苗威：《"辰韩六部"与新罗的早期历史探析》，《朝鲜·韩国历史研究》2012年第12辑，第1—6页。

③ 孙泓：《新罗起源考》，《朝鲜·韩国历史研究》2012年第12辑，第7—20页。

④ [韩] 文暻铉：《新罗国形成过程研究》，《大丘史学》1973年第5辑，第1—40页。

⑤ [韩] 李基白：《韩国史新论》（厉帆译），北京：中国国际文化出版社公司1994年版，第44页。

⑥ [日] 村上四男：《朝鲜古代史研究》，东京：开明书院1978年版，第3页。

⑦ [韩] 李丙焘：《韩国古代史》（下）（金思烨译），东京：六兴出版公司1979年版，第58—61页。

⑧ （高丽）金富轼著，杨军校勘：《三国史记》卷一《新罗本纪第一》，长春：吉林大学出版社2015年版，第1页。

"一曰阏川杨山村,南今昙严寺。长曰谒平,初降于瓢岩峰,是为及梁部李氏祖。二曰突山高墟村,长曰苏伐都利,初降于兄山,是为沙梁部郑氏祖,今日南山部……三曰茂山大树村,长曰俱礼马,初降于伊山,是为渐梁部,又年梁部孙氏之祖,今云长福部……四曰觜山珍支村,长曰智伯虎,初降于花山,是为本彼部崔氏祖,今日通仙部……五曰金山加里村,长曰祇沱,初降于明活山,是为汉歧部,又作韩歧部裴氏祖,今云加德部……六曰明活山高耶村,长曰虎珍,初降于金刚山,是为习比部薛氏祖,今临川部。"①

与《三国史记》相比,《三国遗事》将儒理尼师今九年(32年)"改六部之名,仍赐姓"② 的记事亦一并记载之,使后人对新罗初期历史沿革有更清晰的认知。此外,新罗晚期士人崔致远亦云:"伏闻东海之外有三国,其名马韩、卞韩、辰韩。马韩则高丽,卞韩则百济,辰韩则新罗也。"③ 在高丽人金富轼、高丽僧人一然及新罗人崔致远看来,新罗起源于辰韩,与中国侧的《梁书》《北史》《通典》等文献典籍类同,表明新罗起源于辰韩说更符合历史实际。

有关新罗古国称谓之沿革,《三国史记·新罗本纪四》智证麻立干四年(503年)十月条载:"群臣上言:'始祖创业已来,国名未定,或称

---

① (高丽)一然:《三国遗事》卷一《纪异第一》,新罗始祖赫居世王条,参见《六堂崔南善全集》第八册,首尔:玄岩社1973年新订本,第71页,上栏至下栏。

② (高丽)金富轼著,杨军校勘:《三国史记》卷一《新罗本纪第一》,长春:吉林大学出版社2015年版,第6页。

③ (高丽)金富轼著,杨军校勘:《三国史记》卷四十六《崔致远传》,长春:吉林大学出版社2015年版,第655页。

斯罗，或称斯卢，或言新罗。臣等以为，新者德业日新，罗者网罗四方之义，则其为国号宜矣。又观自古有国家者，皆称帝称王，自我始祖立国，至今二十二世，但称方言，未正尊号。今群臣一意，谨上尊号新罗国王。'王从之。"① 对此，《三国遗事》亦载："以五凤元年甲子，男立为王，仍以女为后，国号徐罗伐，又徐伐，或云斯罗，又斯卢。"② 可见，《三国史记》的撰者金富轼认为，新罗起源于辰韩六部之一部（村），其名或称斯罗，或称斯卢，或称新罗，无一定数，直至503年才正式定国名为新罗。而《三国遗事》撰者僧人一然的认知与金富轼略同，说明一然在阐述新罗起源时沿用了金富轼的说法。有关朝鲜半岛文献典籍所载之新罗起源信息，在中国的史料中也能得到印证，引征史料如下：

辰韩"始有六国，稍分为十二国"。③

"辰韩始有六国，稍分为十二，新罗则其一也……魏时曰新卢，宋时曰新罗，或曰斯罗。"④

"辰韩之始，有六国，稍分为十二，新罗则其一也。或称魏将毌丘俭讨高丽破之，奔沃沮，其后复归故国，有留者，遂为新罗，亦曰斯卢。"⑤

---

① （高丽）金富轼著，杨军校勘：《三国史记》卷四《新罗本纪第四》，长春：吉林大学出版社2015年版，第45页。
② （高丽）一然：《三国遗事》卷一《纪异第一》，新罗始祖赫居世王条，参见《六堂崔南善全集》第八册，首尔：玄岩社1973年新订本，第71页，下栏。
③ （晋）陈寿：《三国志》卷三十《魏书·乌桓鲜卑东夷传》，北京：中华书局1959年标点本，第852页；（唐）房玄龄等：《晋书》卷九十七《东夷·辰韩传》，北京：中华书局1974年标点本，第2534页。
④ （唐）姚思廉：《梁书》卷五十四《东夷·新罗传》，北京：中华书局1973年标点本，第805页。
⑤ （唐）李延寿：《北史》卷九十四《新罗传》，北京：中华书局1974年标点本，第3122页。

新罗"魏时曰新卢;宋时曰新罗,或曰斯罗"①

"新罗国,在高丽东南,居汉时乐浪之地,或称斯罗"。②

因《三国史记》《三国遗事》的成书时间要比中国的《三国志》《晋书》《北史》等为晚,因此《三国史记》《三国遗事》的史料记事分析,或许参考了中国文献典籍的信息,或许沿用了朝鲜半岛"古记"的记载信息。无论如何,根据中国的文献典籍信息与《三国史记》《三国遗事》的记载信息,基本可断定新罗起源于辰韩六部之一的斯卢,或曰斯罗、新卢,大体符合历史实际。③

既然如此,刘昫等撰《旧唐书》、欧阳修撰《新五代史》时,甚至当代某些学者为何又将新罗起源述为弁韩呢?笔者认为,出现此种迥异的书写之关键,是对古代文献信息误读所致。具体而言,此种误读大致由以下三个因素造成。

第一,辰韩、弁韩杂居,在中国的文献典籍中多有记载,引征史料如下。

"弁辰与辰韩杂居,亦有城郭。衣服居处与辰韩同。言语法俗相似,祠祭鬼神有异,施灶皆在户西。"④

---

① (唐)李延寿:《南史》卷七十九《夷貊下·新罗传》,北京:中华书局1975年标点本,第1973页。

② (唐)魏征等:《隋书》卷八十一《东夷·新罗传》,北京:中华书局1973年标点本,第1820页。

③ 关于新卢、斯罗、新罗,有的学者研究后认为:"新卢、斯罗、新罗,皆是同一国号的异写形式,是彼时三韩语言的音译词,从构词法来说,是一个词素的单纯词。"参见苗威:《"辰韩六部"与新罗的早期历史探析》,《朝鲜·韩国历史研究》2012年第12辑,第1—6页。

④ (晋)陈寿:《三国志》卷三十《魏书·乌丸鲜卑东夷传》,北京:中华书局1959年标点本,第853页。

"韩有三种：一曰马韩，二曰辰韩，三曰弁辰。马韩在西，有五十四国，其北与乐浪，南与倭接。辰韩在东，十有二国，其北与濊貊接。弁辰在辰韩之南，亦十有二国，其南亦与倭接。凡七十八国，伯济是其一国焉。""弁辰与辰韩杂居，城郭衣服皆同，言语风俗有异。"①

辰韩"初有六国，后稍分为十二，又有弁辰，亦十二国，合四五万户，各有渠帅，皆属于辰韩"。②

"百济者，其先东夷有三韩国：一曰马韩，二曰辰韩，三曰弁韩。弁韩、辰韩各十二国，马韩有五十四国。大国万余家，小国数千家，总十余万户，百济即其一也。"③

"其风俗、刑法、衣服，与高丽、百济略同，而朝服尚白。好祭山神。"④

虽然文献典籍确载辰韩、弁韩各有十二国，但他们交错杂居，城郭、服饰、言语、风俗、祠祀等大同而小异，亦弁亦辰，实在难以区分辨别，似乎称弁韩、辰韩皆可，这或许是古今一些史家误读的原因之一。

第二，百济初期对新罗拥有较强的控制权，引征史料，对新罗表述如下。

---

① （南朝）范晔：《后汉书》卷八十五《东夷传》，北京：中华书局1965年标点本，第2820页。
② （唐）房玄龄等：《晋书》卷九十七《四夷·东夷·辰韩传》，北京：中华书局1974年标点本，第2534页。
③ （唐）李延寿：《南史》卷七十九《夷貊下·百济传》，北京：中华书局1975年标点本，第1971—1972页。
④ （后晋）刘昫：《旧唐书》卷一百九十九上《东夷·新罗传》，北京：中华书局1975年标点本，第5334页。

"其国小，不能自通使聘。梁普通二年，王姓募名泰，始使使随百济奉献方物。"①

"其王本百济人，自海逃入新罗，遂王其国。初附庸于百济，百济征高丽，不堪戎役，后相率归之，遂致强盛。因袭百济，附庸于迦罗国焉。"②

"其先附庸于百济，后因百济征高丽，高丽人不堪戎役，相率归之，遂致强盛，因袭百济附庸于迦罗国。"③

由此观之，至隋朝以前，新罗尚不足以与百济相抗衡，多受百济国或周边诸国的约束和牵制，这从中原王朝对朝鲜半岛的册封关系似乎也可以得到印证，如东晋安帝义熙十二年（417年），"以百济王余映为使持节、都督百济诸军事、镇东将军、百济王"。④ 而新罗则"以隋开皇十四年，遣使贡方物。文帝拜真平上开府、乐浪郡公、新罗王"。⑤ 隋开皇十四年乃594年，据此可知新罗被中原王朝册封比之百济约晚了177年，近两个世纪。依中原王朝的册封事件不难看出，新罗于隋朝以前在朝鲜半岛的影响力远逊于同时期存在的百济。在这种认知下，古今史家认为斯卢（新罗）源于弁韩似乎也在情理之中。

第三，陈寿《三国志》记载信息之混乱是导致古今史家认知错误的主要因素，引征其史料如下。

---

① （唐）李延寿：《南史》卷七十九《夷貊下·新罗传》，北京：中华书局1975年标点本，第1973页。
② （唐）李延寿：《北史》卷九十四《新罗传》，北京：中华书局1974年标点本，第3123页。
③ （唐）魏征等：《隋书》卷八十一《东夷·新罗传》，北京：中华书局1973年标点本，第1820页。
④ （梁）沈约：《宋书》卷九十七《夷蛮·百济传》，北京：中华书局1974年标点本，第2393页。
⑤ （唐）李延寿：《北史》卷九十四《新罗传》，北京：中华书局1974年标点本，第3123页。

"弁辰亦十二国,又有诸小别邑,各有渠帅,大者名臣智,其次有险侧,次有樊濊,次有杀奚,次有邑借。有已柢国、不斯国、弁辰弥离弥冻国、弁辰接涂国、勤耆国、难弥离弥冻国、弁辰古资弥冻国、弁辰古淳是国、冉奚国、弁辰半路国、弁[辰]乐奴国、军弥国(弁军弥国)、弁辰弥乌邪马国、如湛国、弁辰甘路国、户路国、州鲜国(马延国)、弁辰狗邪国、弁辰走漕马国、弁辰安邪国(马延国)、弁辰渎卢国、斯卢国、优由国。弁、辰韩合二十四国,大国四五千家,小国六七百家,总四五万户。其十二国属辰王。辰王常用马韩人作之,世世相继。辰王不得自立为王。"①

从陈寿在该史料后又述"弁、辰韩合二十四国,大国四五千家,小国六七百家,总四五万户"来看,该史料所载之二十三国,② 当为弁韩、辰韩二十四国中的二十三国。深入检视之,发现带有"弁辰"字头者为十二国,由此判断为弁韩十二国当无误,而余者十一国乃辰韩十二国当中之十一国,名当无误。按此区分后,就会发现所谓"斯卢国"当为辰韩二十国之一,而非弁韩十二国之一。然受弁韩与辰韩杂居难辨以及新罗初期役使于百济的影响,古代史家刘昫、欧阳修、刘祁等对所采用的史料似乎未作详细辨析,竟直书新罗起源于弁韩,铸成舛误,而主张新罗起源于弁韩的当代学者亦忽略了这一点,如韩国学者李丙焘先生便认为:"如前所述,新罗起源于《三国志·魏书·东夷传》弁辰条所见之二

---

① (晋)陈寿:《三国志》卷三十《魏书·乌丸鲜卑东夷传》,北京:中华书局1959年标点本,第852—853页。

② 日本学者津田左右吉先生又将"马延国"单列为一国,凑足辰韩十二国之数,似乎有些勉强。参见[日]《津田左右吉全集》第11卷,东京:岩波书店1987年版,第29页。

十余国之一的斯卢国。《梁书·东夷·新罗传》所记'魏时曰斯卢,宋时曰新罗,或曰斯罗',在朝鲜半岛史料中称为徐那(伐)、徐罗(伐)、徐耶(伐)等,只不过是斯卢的同音异译。"① 显然,韩国学者李丙焘先生沿用了《旧唐书》《新五代史》之误说,亦主张新罗起源于弁韩。

至此,新罗的起源似已梳理清楚,新罗当是以辰韩十二国之一的斯卢为核心,逐渐强盛后而建立的政权。

## 二、新罗的民族构成

在明晰新罗起源于辰韩十二国之一,尤其是新罗六部承继于辰韩六部而来这一基本史实后,新罗的民族构成便有了较为充分的研究空间与可能。通过对中国的文献典籍与朝鲜文献典籍中的史料梳理发现,新罗的民族构成相当复杂,除土著居民韩人外,第一批较大规模迁入朝鲜半岛南部的移民当为中原之商人。由于商人迁入朝鲜半岛南部,致使辰韩之地出现了"古辰国"之名。传统观点认为"辰韩"的正式记载始见于中国正史《三国志》,而实际上,后汉史家班固所撰《汉书》中已有"辰韩"的记载。《汉书·朝鲜传》载:"真番、辰国欲上书见天子,又雍阏弗通。"颜师古注曰:"辰,谓辰韩之国。"② 尽管颜师古之说恐怕有误不实,此"辰国"并非后来的辰韩而当为"古辰国",然新罗故地之"辰国"却是不可否认的事实。对该事实,陈寿撰《三国志》时云:"韩在带方之南,东西以海为限,南与倭接,方可四千里。有三种,一曰马

---

① [韩]李丙焘:《韩国古代史》(下)(金思烨译),东京:六兴出版公司1979年版,第59页。

② (东汉)班固:《汉书》卷九十五《西南夷两粤朝鲜传》,北京:中华书局1962年标点本,第3864—3865页。

韩,二曰辰韩,三曰弁韩。辰韩者,古之辰国也。"① 范晔撰《后汉书·东夷传》时亦云:"韩有三种:一曰马韩,二曰辰韩,三曰弁辰……皆古之辰国也。马韩最大,共立其种为辰王,都目支国,尽王三韩之地。"② 尽管《三国志》与《后汉书》所提到的古辰国的地域与民族构成不大一致,但均承认在三韩分立之前,朝鲜半岛南部既有"古辰国"存在,与《汉书》不谋而合。又据鱼豢所撰《魏略》载:"初,右渠未破时,朝鲜相历溪卿以谏右渠不用,东之辰国,时民随出居者二千余户,亦与朝鲜贡蕃不相往来。至王莽地皇时,廉斯鑡为辰韩右渠帅,闻乐浪土地美,人民饶乐,亡欲来降。"③ 可见,最晚至王莽地皇时,"古辰国"之称谓已发生改易,更名为"辰韩"。④ 关于古之辰国,蒙文通先生认为:"辰之名,古未他见,而国则最古。考左氏以'宋为大辰之虚,卫为颛顼之虚,郑为祝融之虚,陈为太昊之虚,鲁为少昊之虚,晋为夏虚'。大辰比于祝融二昊,则是亦有国者之号。宋鲁亦曰商鲁(吴语),商而曰辰,亦犹'参辰'之即'参商'乎。宋为微子之国曰辰,则海中古之辰国即箕子国也。"⑤ 尽管蒙氏所言"古之辰国即箕子国"还有待进一步讨论,然蒙氏主张"辰"与"商"同,认为"辰国"之名来源于"商"应为大见解。罗继祖先生在蒙氏认知的基础上,依据《春秋左传·昭公》记载之"昔高辛氏有二子,伯曰阏伯,季曰实沈。居于旷林,不相能也。日寻干戈,以相征讨。后帝不臧,迁阏伯于商丘,主辰。商人是因,故辰为商

---

① (晋)陈寿:《三国志》卷三十《魏书·乌丸鲜卑东夷传》,北京:中华书局1959年标点本,第848页。
② (南朝)范晔:《后汉书》卷八十五《东夷传》,北京:中华书局1965年标点本,第2818页。
③ (晋)陈寿:《三国志》卷三十《魏书·乌丸鲜卑东夷传》,北京:中华书局1959年标点本,第851页。
④ 杨军:《辰国考》,《北方文物》2001年第3期,第63—64页。
⑤ 蒙文通:《周秦少数民族研究》,上海:上海龙门联合书局1958年版,第99页。

星"的史料信息,① 提出"商代祖先阏伯始封之地,主辰,那么箕子的国号叫辰,应该说还是远有渊源的"主张,②补蒙氏论证之不足,然其古辰国与商人的渊源关系却给予后学者以相当大的启示。此后,张军、李德山、苗威、王洪军等学者对古辰国的历史均做过深入研究,其结论颇值得参考。③ 据此,辰国是朝鲜半岛最早出现的古族、古国,自称"少昊金天氏之后",迁居朝鲜半岛后,以半岛南部为中心,建立古之"辰国"。此结论在考古学、宗教学的相关研究成果亦得到有力支持。李洪甫利用考古、民族、宗教等学科的理论与方法对少昊氏的东迁做深入研究后,指出:"日、朝种族应是少昊氏的东迁分支,其对少昊氏的意识、信仰、生活和习俗的袭承关系是清楚的、具体的。"④ 此外,少昊金天氏迁至于朝鲜半岛的事实还得到朝鲜半岛文献典籍《三国史记》的印证:"罗人自谓少昊金天氏之后,故姓金。庾信碑亦云:'轩辕之裔,少昊之胤。'则南加耶始祖首露与新罗同姓也。"⑤ 综上可知,少昊金天氏当为首批大规模迁入朝鲜半岛南部的中原商人。少昊金天氏迁入该地后,与土著居民韩人一起构筑起"古辰国"的基磐,其后裔在繁衍过程中又成为辰韩势力集团的组成部分,至新罗立国后又成为新罗主体民族。⑥

---

① 《春秋左传》卷二十《昭公一》,参见李梦生:《左传译注》,上海:上海古籍出版社1998年版,第916页。
② 罗继祖:《辰韩三韩考》,《北方文物》1995年第1期,第73—75页。
③ 张军:《辰国小考》,《北方文物》1995年第2期,第77—81页;李德山:《辰国新考》,《学习与探索》2003年第3期,第124—126页;王洪军:《古辰国与少昊关系考》,《哈尔滨工业大学学报》2013年第3期,第110—114页;苗威:《论辰韩的民族构成》,《社会科学战线》2014年第3期,第14—20页。
④ 李洪甫:《少昊氏与朝、日民族》,李洪甫:《李洪甫史志论集》,北京:燕山出版社1991年版,第178—187页。
⑤ （高丽）金富轼著,杨军校勘:《三国史记》卷四十一《金庾信传上》,长春:吉林大学出版社2015年版,第601页。
⑥ 王洪军:《古辰国与少昊关系考》,《哈尔滨工业大学学报》2013年第3期,第110—114页。

继商族之民迁入朝鲜半岛南部后，秦人为避秦苦役也逃入朝鲜半岛南部。陈寿《三国志》云："辰韩在马韩之东，其耆老传世，自言古之亡人避秦役来适韩国，马韩割其东界地与之。有城栅。其言语不与马韩同，名国为邦，弓为弧，贼为寇，行酒为行觞。相呼皆为徒，有似秦人，非但燕、齐之名物也。名乐浪人为阿残；东方人名我为阿，谓乐浪人本其残余人。今有名之为秦韩者。"① 此后，中国所撰正史谈及"辰韩"时多有类似于《三国志》的记载，如范晔《后汉书》云："辰韩，耆老自言秦之亡人，避苦役，适韩国，马韩割东界地与之。其名国为邦，弓为弧，贼为寇，行酒为行觞，相呼为徒，有似秦语，故或名之为秦韩。"② 房玄龄《晋书》云："辰韩在马韩之东，自言秦之亡人避役入韩，韩割东界以居之，立城栅，言语有类秦人，由是或谓之为秦韩。"③ 姚思廉《梁书》云："辰韩亦曰秦韩，相去万里，传言秦世亡人避役来适马韩，马韩亦割其东界居之，以秦人，故名之曰秦韩。其言语名物有似中国人，名国为邦，弓为弧，贼为寇，行酒为行觞。相呼皆为徒，不与马韩同。"④ 李延寿《北史》云："辰韩亦曰秦韩。相传言秦世亡人避役来适，马韩割其东界居之，以秦人，故名之曰秦韩。其言语名物，有似中国人，名国为邦，弓为弧，贼为寇，行酒为行觞，相呼皆为徒，不与马韩同。"⑤ 可见，古代史家陈寿、范晔、房玄龄、姚思廉、李延寿等对秦人移居至朝鲜半岛南部均深信不疑。由于秦人的加入，古辰国人与秦人一起被合称为"秦

---

① （晋）陈寿：《三国志》卷三十《魏书·乌丸鲜卑东夷传》，北京：中华书局1959年标点本，第852页。
② （南朝）范晔：《后汉书》卷八十五《东夷传》，北京：中华书局1965年标点本，第2819页。
③ （唐）房玄龄等：《晋书》卷九十七《东夷·辰韩传》，北京：中华书局1974年标点本，第2534页。
④ （唐）姚思廉：《梁书》卷五十四《东夷·新罗传》，北京：中华书局1973年标点本，第805页。
⑤ （唐）李延寿：《北史》卷九十四《新罗传》，北京：中华书局1974年标点本，第3122页。

韩",说明秦人的到来对辰韩故地产生了较大影响,同时也可推知此次移居朝鲜半岛南部之秦人应当有较大数量。大量秦人移民的到来,给辰韩故地的社会生活带来巨大的影响,这在徐那伐国(辰韩)使者瓠公交聘于百济时的言论中有充分反映:"前此,中国之人,苦秦乱,东来者众,多处马韩东,与辰韩杂居。至是,浸盛。"① 尽管秦韩的势力有所增长,但秦韩仍不能独立管理辰韩故地政务,仍要接受马韩人的管制,鱼豢《魏略》云"明其为流移之人,故为马韩所制",②姚思廉《梁书》云"恒为马韩所制",③就是对此种现象的准确描述,具体言之,就是"辰王常用马韩人作之,世世相继。辰王不得自立为王"。④ 可见,管理秦韩人的"辰韩王"出自马韩人而非秦韩人,虽称辰韩王,却是作为马韩王的附庸而存在,并不是独立的政权。⑤ 此外,从"名乐浪人为阿残""名我为阿"来分析,流移至辰韩故地的秦人应来自良夷所居之地,即箕子朝鲜建国之地,也就是汉武帝所置"汉四郡"之乐浪郡地。可见,辰韩故地的秦人系从秦故空地"上下障"经由乐浪地区而来。⑥

汉时,辰韩故地至少有三次接受居于朝鲜半岛北部之古朝鲜移民。

第一次迁移发生于燕亡人卫满击破箕氏朝鲜王箕准之时。陈寿《三国志》载:"侯准既僭号称王,为燕亡人卫满所攻夺,将其左右宫人走入

---

① (高丽)金富轼著,杨军校勘:《三国史记》卷一《新罗本纪第一》,长春:吉林大学出版社2015年版,第2页。
② (晋)陈寿:《三国志》卷三十《魏书·乌丸鲜卑东夷传》,北京:中华书局1959年标点本,第853页。
③ (唐)姚思廉:《梁书》卷五十四《东夷·新罗传》,北京:中华书局1973年标点本,第805页。
④ (晋)陈寿:《三国志》卷三十《魏书·乌丸鲜卑东夷传》,北京:中华书局1959年标点本,第853页。
⑤ 杨军:《辰国考》,《北方文物》2001年第3期,第63—64页。
⑥ 苗威:《论辰韩的民族构成》,《社会科学战线》2014年第3期,第14—20页。

海，居韩地，自号韩王。其后绝灭，今韩人犹有奉其祭祀者。"① 又范晔《后汉书》载："初，朝鲜王准为卫满所破，乃将其余众数千人走入海，攻马韩，破之，自立为韩王。准后灭绝，马韩人复自立为辰王。"② 参照《三国志》与《后汉书》的记载分析，迁移至朝鲜半岛南部的古朝鲜人的实况基本清晰起来，即箕准为卫满所败后，率其左右数千人南下攻破马韩，自立为三韩之地的"王"，直至箕氏的族裔灭绝后，马韩人才又获得统治权。从此次移入三韩故地的古朝鲜人的实况分析，移居辰韩故地者可能并不会太多，绝大部分应居于马韩故地。

第二次迁移发生于卫氏朝鲜灭亡前夕。鱼豢《魏略》云："初，右渠未破时，朝鲜相历溪卿以谏右渠不用，东之辰国，时民随出居者二千余户，亦与朝鲜贡蕃不相往来。"③ 据此推断，朝鲜相历溪卿率二千余户适之辰韩故地的原因，可能是由于讨论如何防御汉武帝发兵攻伐卫氏朝鲜的策略时，朝鲜相历溪卿与卫氏朝鲜国王卫右渠发生了严重分歧，并预见卫氏朝鲜必亡而产生迁移至朝鲜半岛南部之念。从后来"弁、辰韩合二十四国，大国四五千家，小国六七百家，总四五万户"④ 的实际情况看，此次迁移至辰韩故地的人口占总人口的4%—5%，其影响之大是不言而喻的。

第三次迁移发生于王莽地皇之时。鱼豢《魏略》载："至王莽地皇时，廉斯鑡为辰韩右渠帅，闻乐浪土地美，人民饶乐，亡欲来降。出其

---

① （晋）陈寿：《三国志》卷三十《魏书·乌丸鲜卑东夷传》，北京：中华书局1959年标点本，第850页。
② （南朝）范晔：《后汉书》卷八十五《东夷传》，北京：中华书局1965年标点本，第2820页。
③ （晋）陈寿：《三国志》卷三十《魏书·乌丸鲜卑东夷传》，北京：中华书局1959年标点本，第851页。
④ （晋）陈寿：《三国志》卷三十《魏书·乌丸鲜卑东夷传》，北京：中华书局1959年标点本，第851页。

邑落，见田中驱雀男子一人，其语非韩人。问之，男子曰：'我等汉人，名户来，我等辈千五百人伐材木，为韩所击得，皆断发为奴，积三年矣。'鑡曰：'我当降汉乐浪，汝欲去不？'户来曰：'可。'（辰）鑡因将户来（来）出诣含资县，县言郡，郡即以鑡为译，从芩中乘大船入辰韩，逆取户来。降伴辈尚得千人，其五百人已死。鑡时晓谓辰韩：'汝还五百人。若不者，乐浪当遣万兵乘船来击汝。'辰韩曰：'五百人已死，我当出赎直耳。'乃出辰韩万五千人，弁韩布万五千匹，鑡收取直还。郡表鑡功义，赐冠帻、田宅，子孙数世，至安帝延光四年时，故受复除。"① 很显然，此次的1500人是为辰韩所虏，虽得乐浪郡搜括得还故地，但至少说明汉设乐浪郡以来陆续有大量汉人或古朝鲜人徙入辰韩故地。东汉时，流向辰韩故地的民众仍在继续，桓帝、灵帝时尤多，"韩濊强盛，郡县不能制，民多流入韩国"，至汉献帝建安中，"公孙康分屯有县以南荒地为带方郡，遣公孙模、张敞等收集遗民，兴兵伐韩濊，旧民稍出，是后倭韩遂属带方"。② 尽管公孙康派遣公孙模等于韩地搜括移入人口，致使旧民稍出，然留居韩地的人口应为数不少。有关《三国志》所载流民现象在《三国史记》中亦多有描述，如儒理尼师今五年（28年）十一月，"于是邻国百姓闻而来者众矣"。③ 儒理尼师今十四年（37年），"高句丽王无恤袭乐浪，灭之。其国人五千来投，分居六部"。④ 可见，周边部众加入徐那伐国者为数可观。

---

① （晋）陈寿：《三国志》卷三十《魏书·乌丸鲜卑东夷传》，北京：中华书局1959年标点本，第851页。

② （晋）陈寿：《三国志》卷三十《魏书·乌丸鲜卑东夷传》，北京：中华书局1959年标点本，第851页。

③ （高丽）金富轼著，杨军校勘：《三国史记》卷一《新罗本纪第一》，长春：吉林大学出版社2015年版，第6页。

④ （高丽）金富轼著，杨军校勘：《三国史记》卷一《新罗本纪第一》，长春：吉林大学出版社2015年版，第7页。

大量商人、秦人、古朝鲜人进入辰韩故地后，带来了中原的政治制度、农业与手工业技术以及儒家文化，有力地促进了辰韩故地的社会经济、文化的发展。辰韩国正是在吸纳中原王朝的政治、经济、文化等各方面优势文明之后，增强实力，扩张势力，不仅实现了辰韩六部（徐那伐国所统领之六部）的统一，而且还不断接纳来自日本列岛的倭人。始祖赫居世居西干三十八年（前20年）二月条有"瓠公者，未详其族姓，本倭人，初以瓠系腰渡海而来，故称瓠公"[1]的记载，说明倭人与辰韩国的往来早在赫居世时代就相当频繁。从脱解尼师今的传说看，[2]脱解王本为来自日本列岛的倭人，却能成为当时辰韩国的"国王"，说明当马韩势力集团于辰韩国退却后，倭人势力集团成为辰韩人的主导者。由此可见，倭人在辰韩国当有较广泛的分布，且数量亦应相当可观。

　　徐那伐国（辰韩六部）在发展过程中亦不断地整合内部诸集团，由邑落联盟开始向集权统治转化。有关徐那伐国兼并周边诸国的史实在金富轼所撰《三国史记》中多有记载，如婆娑尼师今二十三年（102年）八月，因音汁伐国与悉直谷国争疆，"王怒，以兵伐音汁伐国，其主与众

---

[1] （高丽）金富轼著，杨军校勘：《三国史记》卷一《新罗本纪第一》，长春：吉林大学出版社2015年版，第3页。

[2] 《三国史记》云：脱解尼师今立，时年六十二。姓昔，妃阿孝夫人。脱解本多婆那国所生也。其国在倭国东北一千里。初，其国王娶女国王女为妻，有娠七年，乃生大卵。王曰："人而生卵，不祥也，宜弃之。"其女不忍，以帛裹卵，并宝物置于椟中，浮于海，任其所往。初至金官国海边，金官人怪之，不取。又至辰韩阿珍浦口，是始祖赫居世在位三十九年也。时海边老母以绳引系海岸，开椟见之，有一小儿在焉，其母取养之。及壮，身长九尺，风神秀朗，智识过人。或曰："此儿不知姓氏，初椟来时，有一鹊飞鸣而随之，宜省鹊字，以昔为氏。又，解韫椟而出，宜名脱解。"脱解始以渔钓为业，供养其母，未尝有懈色。母谓曰："汝非常人，骨相殊异，宜从学，以立功名。"于是专精学问，兼知地理。望杨山下瓠公宅，以为吉地，设诡计以取而居之，其地后为月城。至南解王五年，闻其贤，以其女妻之。至七年，登庸为大辅，委以政事。儒理将死，曰："先王顾命曰：'吾死后，无论子、壻，以年长且贤者继位。'是以寡人先立，今也宜传其位焉。"参见（高丽）金富轼著，杨军校勘：《三国史记》卷一《新罗本纪第一》，长春：吉林大学出版社2015年版，第8页。

自降。悉直、押督二国来降"。① 婆娑尼师今二十九年（108年）五月，"遣兵伐比只国、多伐国、草八国，并之"。② 伐休尼师今二年（185年）二月，"拜波珍飡仇道、一吉飡仇须兮为左、右军主，伐召文国"。③ 助贲尼师今二年（231年）七月，"以伊飡于老为大将军，讨破甘文国，以其地为郡"。④ 助贲尼师今七年（236年）二月，"骨伐国王阿音夫率众来降，赐第宅、田庄安之，以其地为郡"。⑤ 徐那伐国所兼并的音汁伐、悉直、押督、比只、多伐、草八、召文、甘文、骨伐等诸国，与陈寿《三国志》所列辰韩、弁韩二十三国之国名并无重合者，或许因金富轼《三国史记》所记"音汁伐"等国是母语音译词，导致与《三国志》所记国名不一致，或许辰韩所兼并的诸国根本就不是辰韩六部所属之古族古国。

此后被整合至新罗国者当为新罗东南部的伽耶人。《驾洛国记》载，驾洛国首露王开国传说时云："始现故讳首露，或云首陵，国称大驾洛，又称伽耶国，即六伽耶之一也。余五人各归为五伽耶主。"⑥ 可见，伽耶人由六伽耶国构成。《驾洛国记》所云之"五伽耶"，当为"阿罗伽耶、古宁伽耶、大伽耶、星山伽耶、小伽耶"。⑦ 首露王所建大驾洛国，虽又

---

① （高丽）金富轼著，杨军校勘：《三国史记》卷一《新罗本纪第一》，长春：吉林大学出版社2015年版，第11—12页。

② （高丽）金富轼著，杨军校勘：《三国史记》卷一《新罗本纪第一》，长春：吉林大学出版社2015年版，第12页。

③ （高丽）金富轼著，杨军校勘：《三国史记》卷二《新罗本纪第二》，长春：吉林大学出版社2015年版，第20页。

④ （高丽）金富轼著，杨军校勘：《三国史记》卷二《新罗本纪第二》，长春：吉林大学出版社2015年版，第24页。

⑤ （高丽）金富轼著，杨军校勘：《三国史记》卷二《新罗本纪第二》，长春：吉林大学出版社2015年版，第24页。

⑥ （高丽）一然：《三国遗事》卷二《纪异第二》，驾洛国记条，参见《六堂崔南善全集》第八册，首尔：玄岩社1973年新订本，第92页上栏。

⑦ （高丽）一然：《三国遗事》卷一《纪异第一》，五伽耶条，参见《六堂崔南善全集》第八册，首尔：玄岩社1973年新订本，第69页下栏。

曰"伽耶国",然实际上是金富轼《三国史记》所载之"金官国"或言"金官伽耶"。有关加耶国的演变,韩国学者朴天秀认为:"加耶可分为以金官加耶与阿罗加耶为中心国的前期以及以大伽耶为中心国的后期。前期始于金海市大成洞古墓群营造王墓的3世纪中叶,至金官加耶受到高句丽南伐导致金官加耶衰退的5世纪初;后期自此时起至大伽耶灭亡的562年止。"① 朴氏的结论与金富轼《三国史记》的记事基本相符,如法兴王十九年(532年)条记载:"金官国主金仇亥,与妃及三子,长曰奴宗、仲曰武德、季曰武力,以国帑宝物来降。王礼待之,授位上等,以本国为食邑。子武力仕至角干。"② 又《杂志三》载:"金海小京,古金官国(一云伽落国,一云伽耶),自始祖首露王,至十世仇亥王,以梁中大通四年,新罗法兴王十九年,率百姓来降,以其地为金官郡。文武王二十年、永隆元年,为小京,景德王改名金海京,今金州。"③ 可见,随着金官加耶势力的衰退,至532年终于亡国。此后,其他五伽耶在新罗、百济的争夺中亦陆续亡国,如阿那加耶(阿罗加耶),"法兴王以大兵灭阿尸良国(一云阿那加耶),以其地为郡",④ 景德王改名咸安郡,今因之。古宁加耶,"新罗取之,为古冬揽郡,景德王改名,今咸宁郡"。⑤ 至于星山伽耶、小伽耶亡国,史无详载,当在大伽耶国亡国之前或同时。真兴王二十三年(562年)九月,"加耶叛,王命异斯夫讨之,斯多含副

---

① [韩]朴天秀:《加耶与倭:韩半岛与日本列岛的考古学》,东京:讲谈社2011年版,第24页。
② (高丽)金富轼著,杨军校勘:《三国史记》卷四《新罗本纪第四》,长春:吉林大学出版社2015年版,第48页。
③ (高丽)金富轼著,杨军校勘:《三国史记》卷三十四《杂志第三·地理》,长春:吉林大学出版社2015年版,第466页。
④ (高丽)金富轼著,杨军校勘:《三国史记》卷三十四《杂志第三·地理》,长春:吉林大学出版社2015年版,第471页。
⑤ (高丽)金富轼著,杨军校勘:《三国史记》卷三十四《杂志第三·地理》,长春:吉林大学出版社2015年版,第465页。

之。斯多含领五千骑先驰入栴檀门,立白旗,城中恐惧,不知所为。异斯夫引兵临之,一时尽降"。① 又《杂志第三》载:"高灵郡,本大加耶国,自始祖伊珍阿鼓王(一云内珍朱智)至道设智王,凡十六世,五百二十年,真兴大王侵灭之,以其地为大加耶郡,景德王改名,今因之。"② 对此,杨军先生总结说:"554年百济惨败于新罗,使其丧失了庇护加耶诸国的实力,此后,北南两个加耶联盟联合起来,以位于高灵的大加耶为首,集体对抗新罗,也仍旧无法挽救覆亡的命运,终于在562年最终为新罗所灭,成为新罗走向强盛的垫脚石。"③ 自此以后,新罗在与高句丽、百济的对抗中联合唐朝于660年、668年分别打败百济、高句丽,逐渐将统治区域推向朝鲜半岛北部,致使活动于此区域的百济人、高句丽人成为新罗人的组成部分。至此,新罗完成了朝鲜半岛上的民族整合,形成统一的韩民族。

---

① (高丽)金富轼著,杨军校勘:《三国史记》卷四《新罗本纪第四》,长春:吉林大学出版社2015年版,第50页。

② (高丽)金富轼著,杨军校勘:《三国史记》卷三十四《杂志第三·地理》,长春:吉林大学出版社2015年版,第473页。

③ 杨军:《4—6世纪朝鲜半岛研究》,长春:吉林大学出版社2015年版,第171—172页。

语言与文学

# 朝鲜文学中的李如松形象考
## ——以《惩毖录》为中心[*]

韩 梅[**]

**摘 要** 作为记录壬辰战争的代表性纪实文学《惩毖录》在朝鲜半岛流传甚广,其中的明朝援军将领李如松形象其后又经过若干变形,反复出现在朝鲜的民间传说和古典小说中,深刻影响了朝鲜人对明朝的认识。在《惩毖录》中,李如松的形象从文武兼备、平易近人的正面形象向进退失据、胜骄败馁、骄横无礼的负面形象转变。本文结合相关史料和研究,分析阐释了这一转变产生的原因——李如松自身有性格傲慢的弱点,明朝在朝方不情愿的情况下将对日战略由战转和,使朝方从期望转而失望,作者柳成龙写作时有意推卸责任、美化自己。从中可见,历史书写情况复杂,需从书写者的处境及心理、事件细节原委、历史背景及与其他文本的多重对照中追根溯源,拼出其相对真实完整的面貌。

**关键词** 《惩毖录》 李如松 形象 明朝 朝鲜

---

[*] 本论文为国家社科基金项目《16—17世纪朝鲜文学中的中国形象研究》(项目批准号:13BWW025)的阶段性成果。

[**] 韩梅,北京外国语大学亚非学院朝鲜语系教授。

## 一、序言

16世纪末的朝鲜壬辰战争（中国史称"万历朝鲜战争"）是东亚历史上的大事件，在1592—1598年数年间，十余万明朝援军相继进入朝鲜半岛，与朝鲜军民共同抗击日军。联合作战使两国间的关系变得异常密切，大量明军将士赴朝，两国的人员交流迅速扩大，相互间的了解也空前深入。因此，这一时期的朝鲜文学作品中出现了很多中国人的形象，反映出当时朝鲜各阶层、各群体对中国的认知。

明军将领李如松在战争初期率军入朝，为扭转战局发挥重要作用，因而成为这一时期朝鲜文学作品中的热点人物。李如松（1549—1598）是明朝万历年间有名的将领，战功赫赫。壬辰战争爆发后，他被明朝任命为东征提督，统领蓟、辽、冀、川、浙各地军队，东征朝鲜，抗击日军，很快取得了平壤战役的胜利，后接连收复平壤、开城、汉阳，一举扭转了朝鲜的颓势，为最终将日军逐出半岛奠定了基础，堪称壬辰战争中的功臣。然而，在朝鲜的相关文学作品中，李如松的形象却呈现出多面性，时而被塑造为精通天象、剑术通神的神异人物，时而以蛮横、狭隘、无能的负面形象出现，这反映出朝鲜对明感情和认识的复杂性，值得深入探究。

本文之所以选择《惩毖录》作为研究对象，原因在于：首先，这一作品是当时的朝鲜重臣柳成龙的代表作，记录了壬辰战争从爆发到结束的全过程及作者对战争的反思。战争时期，柳成龙"以首相，独当中外机务"，[①] 代表朝鲜政府负责与明军的联络协调，和明军打交道很多，书

---

① （朝）《宣祖修正实录》第八册第四十一卷，宣祖四十年五月一日第二条，太白山史库本，第2页A面。

中出现大量关于李如松的描写。其次，作为记录壬辰战争始末的代表性纪实文学作品，这一作品流传广泛，史料中记录其面世不久即"行于世"，[①] 文中塑造的李如松等明军将领形象对后来朝鲜的文学、文献记载乃至朝鲜人思想意识中的中国人形象塑造产生了很大影响。因此，对这一作品的考察对于正本清源，厘清壬辰战争期间中国人形象的形成过程具有较为重要的意义。

现有关于李如松形象的研究主要集中于民间传说和小说《壬辰录》中李如松的形象，[②] 关于《惩毖录》的研究不多，[③] 也未见有学者专门针对《惩毖录》中李如松的形象进行过研究。鉴于《惩毖录》中关于李如松的描写较多，本文仅选取平壤战役前后、碧蹄馆战役之后以及对朝鲜官员的责罚等细节，揭示其形象特点，并参考历史记录及其他相关资料、研究成果，从当时明与朝鲜的关系、李如松的个性、柳成龙的记录方式及写作目的等因素，阐释《惩毖录》中李如松形象的形成原因。

## 二、《惩毖录》中李如松的形象

《惩毖录》中李如松的形象比较复杂，既有指挥作战有条不紊、待人礼貌的正面形象，也有胜则骄、败则馁、轻率暴躁、蛮横无理的负面形

---

[①] （朝）《宣祖修正实录》第八册第四十一卷，宣祖四十年五月一日第二条，太白山史库本，第2页A面。

[②] ［韩］林哲镐：《李如松传说研究：壬乱传说考（Ⅱ）》，《国语国文学》1983年第90期，第247—278页；［韩］林哲镐：《李如松出征谈的意义及功能——以《壬辰录》的传承为中心》，《韩国语言文学》2004年第52期，第249—267页；［韩］李银淑：《李如松传说的结构及传承意识考察》，《韩国语言文学》2000年第44期，第181—212页；［韩］金洪哲：《李如松系传说中表现出的对外势民众意识研究》，《清大汉林》1983年第2期，第9—26页。

[③] 魏志江：《论柳成龙〈惩毖录〉的史料价值——兼论柳成龙关于明朝江南人沈惟敬的评价》，《社会科学战线》2014年第4期，第88—92页。

象，其转变过程与战事的变化有着密切的关系。

## （一）文武兼备、平易近人的李如松

1592 年 12 月 25 日，李如松率领四万余明军渡过鸭绿江，进入朝鲜境内。李如松的军队在安州城南安营扎寨，体察使兼接伴使柳成龙求见，看到明军"旌旗器械，整肃如神"①，说明李如松治军有方；柳成龙拿出平壤地图指示形势和道路，"提督倾听，辄以朱笔点其处"，②证实他深知战争中地形的重要性，也表明他很重视柳成龙的建议；他对柳成龙说，"倭但恃鸟铳耳，我用大炮，皆过五六里。贼何可当也"，③说明他熟知明军和日军的武器装备，知己知彼；临别时，李如松在扇面上题诗赠柳成龙，"提兵星夜渡江干，为说三韩国未安。明主日悬旌节报，微臣夜释酒杯欢。春来杀气心犹壮，此去妖氛骨已寒"，④赠诗行为表达出对朝鲜官员的礼貌和尊重，诗歌中表明了他救援朝鲜、消灭日军的决心与信心。

在以上关于初次相见的描述中，李如松被塑造为一位作战经验丰富、文武双全、忠肝义胆、平易近人的忠臣良将。

在攻打日军盘踞的平壤城之前，李如松使用了计谋，先派人告知日军，"天朝已许和"，斩杀了前来讲和的二十余名日军。接着指挥大军围住平壤后，"提督弯弓鸣弦，即以数骑，驰赴顺安"，⑤身先士卒，发起了对平壤的攻击，并最终取得胜利，从日军手中夺回平壤。然后李如松挥师南下，接连收复了开城等大片失地。这一阶段的李如松表现出有勇有谋、指挥若定的大将风范。

---

① （朝）柳成龙：《惩毖录》，高阳：历史的早晨出版社 2012 年版，第 223 页。
② （朝）柳成龙：《惩毖录》，高阳：历史的早晨出版社 2012 年版，第 223 页。
③ （朝）柳成龙：《惩毖录》，高阳：历史的早晨出版社 2012 年版，第 223 页。
④ （朝）柳成龙：《惩毖录》，高阳：历史的早晨出版社 2012 年版，第 223 页。
⑤ （朝）柳成龙：《惩毖录》，高阳：历史的早晨出版社 2012 年版，第 223 页。

## （二）进退失据、胜骄败馁的李如松

随着战事的推进，《惩毖录》中李如松的形象逐渐发生了转变，其转折点是碧蹄馆战役。

> 翌日副总兵查大受，与我将高彦伯，领兵数百，先行侦探，与贼相遇于碧蹄驿南砺石岭，斩获百余级。提督闻之，留大军，独与家丁骑马者千余，驰赴之。……时贼匿大众於砺石岭后，只数百人在岭上。提督望见，挥其兵为两翼而前，贼亦自岭而下，渐相逼。后贼从山后遽上山阵，几万余。天兵望之心惧，而已接刃，不可解。①

虽然李如松侥幸逃脱，但此役明军"死伤甚多"。② 从《惩毖录》中对碧蹄馆战役的描写来看，似是李如松贪功冒进，未能冷静判断敌情而后动，造成明军大败。不仅如此，书中还描写了李如松在此役后的表现。

> 日暮提督还坡州，虽隐其败，而神气沮甚，夜以家丁亲信者战死痛哭。明日欲退军东坡。余力争曰，胜负兵家常事，当观势更进，奈何轻动？提督曰，吾军昨日多杀贼，无不利事。但此地经雨泥泞，不便驻军，所以欲还东坡，休兵进取耳。余及诸人争之固，提督出示已奏本草。其中有曰，贼兵在都城者二十余万，众寡不敌。末又言，臣病甚，请以他人代其任。余骇而以手指点曰，贼兵甚少，何得有二十万？提督曰，我岂能

---

① （朝）柳成龙：《惩毖录》，高阳：历史的早晨出版社 2012 年版，第 249 页。
② （朝）柳成龙：《惩毖录》，高阳：历史的早晨出版社 2012 年版，第 249—250 页。

知之？乃汝国人所言也。盖托辞也。①

从以上内容来看，经碧蹄馆一役，兵败的李如松似乎完全失去了作战的勇气，神情沮丧，彻夜哭泣，以地面泥泞、敌众我寡、自己患病等理由径自率军北上，从汉阳附近退到东坡驿，从东坡退到开城，又找借口退回了平壤。②面对柳成龙等朝鲜大臣的劝阻，他只是"佯许之""谩应之"或者"默然"，③未征得理解和支持，一心避开日军，率军一路向北退却。此时的李如松对日军畏惧有加，对朝鲜人却失去了尊重和耐心，开始表现得轻慢无礼。

（三）骄横跋扈、粗暴无礼的李如松

明军与朝鲜军是盟军，李如松为首的明军与柳成龙等朝鲜官员是并肩战斗的战友，理应同仇敌忾。但是在《惩毖录》中，从碧蹄馆战役之后，李如松因为粮草问题、对日态度问题对朝鲜官员多次动怒。

据文中记载，"大军到开城府日久，军粮已尽"，经水路运来的粮草"随到随尽，其势愈急"，"一日诸将，以粮尽为辞，请提督旋师。提督怒呼余及户曹判书李诚中京畿左监司李廷馨跪庭下，大声诘责，欲加以军法。余摧谢不已。因念国事至此，不觉流涕。提督憖然，更怒诸将曰，汝等昔从我征西夏时，军不食累日，犹不敢言归，卒成大功。今朝鲜偶数日不支粮，何敢遽言旋师耶？"④从引用部分来看，明军的粮草供应不继，将领们请求回军，李如松大怒，要以军法责罚负责大军后勤供给的

---

① （朝）柳成龙：《惩毖录》，高阳：历史的早晨出版社 2012 年版，第 249—250 页。
② （朝）柳成龙：《惩毖录》，高阳：历史的早晨出版社 2012 年版，第 250—251 页。
③ （朝）柳成龙：《惩毖录》，高阳：历史的早晨出版社 2012 年版，第 250—251 页。
④ （朝）柳成龙：《惩毖录》，高阳：历史的早晨出版社 2012 年版，第 250 页。

朝鲜官员。柳成龙在文中详细描写了李如松让自己等一众朝鲜大臣跪在庭下大加训斥的行为，却未具体描写粮草不继给明军造成的严重影响，遑论对朝方运粮不力进行反思，这使李如松按军法做出的惩罚显得蛮横无理。

李如松与朝鲜官员的摩擦主要发生在明军与日军频繁往来讲和期间。

>一日，余与元帅，往候提督……至招贤里，有汉人三骑，自后驰来，喝问体察使安在。余应之曰，我是也。叱回马，一人手持铁锁，以长鞭乱捶余马曰，走走。余不知何事，只得回马，向开城而走。其人从马后，鞭之不已。①

几人中途遇到另一个明朝士兵，传令放柳成龙离去。第二天，柳成龙才得知事情的原委。"提督信任家丁，自外入谓提督曰，柳体察不欲讲和，悉去临津船只，勿令通使於倭营。提督遽发怒，欲拿余捆打四十。当余之未至也，提督瞋目奋臂，或坐或起，左右皆慄。"②后来有人来报并无此事，李如松才传令放人，事后也未作任何解释。

从性质上而言，这是李如松的家丁误报引起的一个误会。但是，李如松仅凭家丁的一句话，就决定捉拿朝鲜大臣，奉命前去的明军士兵手持长锁，一路用长鞭驱赶柳成龙的战马，等待的李如松则"瞋目奋臂，或坐或起"。这些动作描写突出了李如松轻率、暴躁的性格特点，写出了他及其部下对朝鲜官员极端不尊重、不信任。

除此之外，柳成龙还描写了自己拒不参拜明军"禁杀贼"的旗牌导

---

① （朝）柳成龙：《惩毖录》，高阳：历史的早晨出版社2012年版，第254页。
② （朝）柳成龙：《惩毖录》，高阳：历史的早晨出版社2012年版，第254页。

致李如松"大怒",威胁说"我行军法,然后回军"① 等细节,进一步深化了李如松骄横、粗暴的形象特点。通过这些描写,作者柳成龙极力证实李如松等明朝将领推动对日和谈,表白自己从未有讲和之意。

综上所述,在《惩毖录》中,在初入朝鲜半岛、指挥平壤战役接着挥师南下收复开城的前一阶段,李如松基本上是以正面形象出现。他遵照皇帝之命,为拯救藩国来到朝鲜,这时的他雄心勃勃,指挥作战有勇有谋,对待朝鲜官员也礼貌周全。但是,经过碧蹄馆战役之后,与朝鲜官员之间的摩擦成为《惩毖录》中有关李如松的主要内容,因粮草不继、与日本和谈者所乘船只不备等问题李如松当众斥责、惩罚柳成龙等朝鲜大臣的细节塑造出他对日军怯懦避战、对朝骄横无礼的负面形象。

但是,应该注意的是,李如松率军援朝时担任的职务是提督蓟辽保定山东等处防海御倭总兵官,是实际在朝鲜前线负责指挥对日作战的最高将领,对于战或和等战略问题有建议权,在军队进退等具体战术上拥有决策权,对麾下官员、将领拥有赏罚的权力。就当时的明与朝鲜而言,两国既有同盟关系,也有上下关系,因此,李如松忽略朝方的不同意见或对处罚做事不力的朝方人员并不违反军纪或国法,但是会对对方造成感情上的伤害。

另外,柳成龙在《惩毖录》中略去粮草匮乏、天气恶劣、地形不利等导致李如松作决定的不利因素不提,一味强调其避战、主和,表现自己抗拒议和、鼓动作战却遭拒的委屈与无奈,有转嫁责任、美化自己的嫌疑。

---

① (朝)柳成龙:《惩毖录》,高阳:历史的早晨出版社2012年版,第253页。

## 三、《惩毖录》中李如松形象的形成原因

如上，李如松在《惩毖录》中的形象经历了一个逐渐变化的过程。异国的形象除了与其自身情况相关，还往往反映出一个民族对异民族的社会集体想象以及作者基于自身经历和体验所产生的观点与看法。《惩毖录》中李如松的形象既与李如松自身的言行相关，也反映出当时朝鲜人对李如松、对明朝援军乃至对明朝的认知。除此之外，作者与李如松等明军接触时形成的看法、写作的目的与心境等也会影响对其形象的塑造。因此，笔者尝试从李如松的性格特点、朝鲜对明军及明朝的认识、柳成龙的个人体验与看法三个方面，探讨《惩毖录》中李如松形象形成的原因。

### （一）李如松的性格特点与行为方式

明朝名将李如松是辽东总兵李成梁的长子，颇有军事才华，曾指挥平定了万历二十年宁夏哱拜叛乱，紧接着赴朝抗击日军，取得平壤大捷，回国后出任辽东总兵，后在与蒙古部落的交战中阵亡。

李如松战功赫赫，《明史·李如松传》中记载他"骁果敢战，少从父谙兵机"，肯定了其将帅之才。但是，《李如松传》用更多的篇幅记录了他为人骄横引发事端的事例。万历十五年，李如松以总兵官镇宣府，"巡抚许守谦阅操，如松引坐与并。参政王学书却之。语不相下，几攘臂"。[①]万历二十年，李如松被任命为提督陕西讨逆军务总兵官，率军平定哱拜之乱，"如松以权任既重，不欲受总督制，事辄专行"，迫使万历皇帝亲

---

[①] （清）张廷玉等：《明史》卷二百三十八《列传》一百二十六，四库全书本，第6713—6714页。

自下诏申饬。① 从这些记录来看，骄傲自负是李如松的性格特点，傲慢无礼是其一贯的行为方式，因此他经常与上司、同僚产生矛盾，屡遭弹劾，却积习难改。

壬辰战争爆发之初，李如松仍在宁夏作战，凯旋后立即入朝。此时，"如松新立功，气益骄，与经略宋应昌不相下"。② 心高气傲又甫立大功的李如松连上司宋应昌也不放在眼中，对朝鲜官员自然难以时时处处礼貌周全。

例如，李如松曾在给朝鲜国王的牌文中指名道姓地批评朝鲜重臣，"体察朝鲜国首臣柳成龙、尹斗寿等，不以卧薪尝胆为心，雪耻除凶注念，宴安私家，恣酒自乐。非惟藐慢天朝，抑且自欺国王，悖乱蔑教，殆有甚焉"，并宣称，"若以责备，罪咎过失，粮匮草无，坐视观望，违慢军机，疏闻当宁，掣兵旋辽，目汝就毙。使有国者复至无国，有家者仍悲无家"③，对国王也公然威胁，不留任何情面，自然会令对方不快。

同样，由于骄傲自负，李如松在作战中屡犯轻敌冒进的错误。《惩毖录》中写碧蹄馆战役就是他在接连取胜后"有轻敌心"所致，经与其他史料比较，笔者发现这一说法虽不可全信，但其悲剧性的结局——"明年四月，土蛮寇犯辽东。如松率轻骑远出捣巢，中伏力战死"，④ 印证了他的这一性格特点。

李如松无疑是明朝万历年间最有能力的将领之一，其军事才华为壬辰战争的最终胜利奠定了基础。但是，其傲慢、粗暴的性格对朝鲜君臣的自尊心造成了一定伤害，一定程度上影响了朝鲜人对明朝援军乃至明

---

① （清）张廷玉等：《明史》卷二百三十八《列传》一百二十六，四库全书本，第6714页。
② （清）张廷玉等：《明史》卷二百三十八《列传》一百二十六，四库全书本，第6715页。
③ （清）《宣祖实录》宣祖二十六年一月十三日第六条，第十七册第三十四卷，太白山史库本，第23页B面。
④ （清）张廷玉等：《明史》卷二百三十八《列传》一百二十六，四库全书本，第6718页。

朝的好感。

## （二）朝方对明的期望与失望

更为准确地来说，《惩毖录》中李如松的形象不仅仅是代表他自己，也代表着明军乃至明朝，隐含着朝鲜人对明军和明朝的认识。李如松的形象从正面向负面转变，意味着朝鲜人对明军、明朝的认识也在一定程度上由正面向负面转变。究其原因，应该是明朝对日政策的变化使初期对明朝充满期待的朝鲜对明军、明朝开始感到失望乃至不满。

壬辰战争爆发之初，毫无防备的朝鲜军队节节败退，短短两个月内大半国土沦陷，国王逃难到鸭绿江边，面临亡国的危机。朝鲜急派使臣向明朝求援，把保家卫国的希望寄托在了明朝身上。明朝经过一番讨论，决定出兵援朝。李如松率军入朝，一举收复平壤，迅速扭转局势，使朝鲜君臣激动不已。他们确信，在明朝大军的援助下，驱逐日军、收复国土指日可待，急切地期待明军一路南下，迅速消灭日军，结束战争。

但是，自战争之初，明朝内部就有战、和两种主张。这是因为万历中后期，明朝国力衰落，且宁夏叛乱刚刚平息，军力、财力消耗巨大，难以支撑大规模跨国作战。而且此时明朝尚未认清日本侵朝的真实意图，以为日本只是要求封贡，而这并非完全不可接受的条件。

宋应昌、李如松等援朝明军高层原本主战，但入朝后，他们发现作战条件艰苦，明军面临着粮草匮乏、严寒、瘟疫、地形不利、天气恶劣、以寡敌众等多重困难。①《宣祖实录》中记载着李恒福与宣祖的一段对话："臣自顺安来时，见天兵患病者，中路足蹶，不能行步。二日不得食，气息将尽。天将若闻之，岂不怒乎？上曰，予于途中见天兵多有破

---

① 请参照王亮：《壬辰倭乱与明人抗日援朝》，内蒙古师范大学硕士学位论文，2011年，第18—20页。

伤者。以我国事如是，未安甚矣。申勑各邑，别加救护。而一路之官，不为尽心，极为可恶。"① 朝鲜君臣二人的对话证实了当时明军伤病员的惨状——身染重病，连日不得食，且得不到救护，只能坐以待毙。经过几次交战，明军首脑也意识到日军人数众多，战斗力强，便倒向主和派，希望通过和谈羁縻日本，以较小的代价换取日军退兵。李如松避免与日军作战的一系列行动就是为了不干扰既定的议和策略，最终目标也是让日军尽早退出朝鲜。

朝鲜国王宣祖及很多大臣从一开始就反对讲和，宣祖表示："近来有一种讲和之说，吁！是何理哉？岂忍出诸口而闻诸耳也？""凡以和为说者，此乃奸人之所为，必先斩枭首。"② 他认为和谈是大逆不道之言，因为从感情上来说，首先，日军侵入朝鲜，烧杀掳掠，甚至破坏了王陵，是朝鲜不共戴天的仇人；其次，朝鲜对日本侵朝的目的了解得更为准确，仅允许其封贡，日本不会退兵。后来议和失败，证实朝方在这一点上判断正确。

如上所述，明与朝鲜在是否对日讲和的问题上存在着巨大的意见分歧，③ 但双方并未进行充分的沟通。或许是为了维护大国的体面，明朝廷未向朝鲜充分说明自身困境，便无视朝方的不满，与日本展开和谈，甚至在和谈前期将朝鲜排除在外，导致朝鲜捕风捉影，担心明朝要将朝鲜南部割让给日本。以李如松为代表的明军与朝鲜官员之间的摩擦即源于此。当时朝鲜明显地更了解日本，明朝却未认真听取这个盟友的意见，

---

① （朝）《宣祖实录》宣祖二十六年二月二十日第二条，第十八册第三十五卷，太白山史库本，第36页B面。

② （朝）《宣祖实录》宣祖二十六年三月十六日第五条，第十九册第三十六卷，太白山史库本，第28页B面。

③ 请参照朱法武：《壬辰战争期间朝鲜对中日议和立场探析》，《社会科学辑刊》2010年第2期，第148—153页。

以至于错误理解了日本的意图,走了和谈的弯路,让战争拖延数年,增加了两国的负担。这种做法也招致朝鲜的猜疑与不满,而这些负面情绪对李如松负面形象的形成可能产生了推波助澜的作用。

(三) 柳成龙的写作方式与写作目的

根据年谱记载,1593年12月,柳成龙被任命为平安道都体察使,负责李如松军队的后勤。1593年10月起,柳成龙担任领议政,成为朝鲜的首相,在壬辰战争期间主持大局。但到了战争结束后的1598年12月,柳成龙因"戊戌以主和误国,厌避辨诬之行,被劾而去"。[①] 关于柳成龙其人,《宣祖实录》的评价是"其才未易得也。然局量狭小,持论不弘,不能去朋党之心,稍涉异己,则不容于朝。君举得失,亦不敢抗言正告,无大臣风节",[②] 承认他才能出众,却也认为他心胸狭隘,有私心,无气节。

据作者自序,《惩毖录》写作于壬辰战争结束不久即作者被免职后数年,《宣祖实录》中记载柳成龙"尝追记壬辰事,名曰《惩毖录》,行于世。识者以其伐己而掩人讥之"。[③] 由此可见,当时朝鲜人认为《惩毖录》有美化自己、抹杀他人之弊。与其他记录相互印证,我们能够发现《惩毖录》中的李如松形象中的确有作者主观意识的投射。

例如,前文曾引用过的关于碧蹄馆战役的描述中,李如松听到查大受等人与日军相遇,"斩获百余级",便不假思索,"留大军,独与家丁骑

---

[①] (朝)《宣祖修正实录》宣祖四十年五月一日第二条,第八册第四十一卷,太白山史库本,第2页A面。

[②] (朝)《宣祖修正实录》宣祖四十年五月一日第二条,第八册第四十一卷,太白山史库本,第2页A面。

[③] (朝)《宣祖修正实录》宣祖四十年五月一日第二条,第八册第四十一卷,太白山史库本,第2页A面。

马者千余,驰赴之"。言外之意,李如松只带家丁出战有贪功之嫌。但是,在碧蹄馆战役发生当时柳成龙上报朝鲜朝廷的报告中是这样写的:

> 二十七日后,提督与李都督率家丁百余,驰向碧蹄,将欲亲自体探于京城,诸军不动。是日晓,查总兵与防御使高彦伯,驰到昌陵近处。贼多设伏于山谷间,先出数百余人诱引。总兵挥军掩击,贼坡靡散走,斩获殆尽。彦伯军亦多射杀。欲引退之际,贼后队大兵继至。提督行到惠阴岭,闻有贼兵,驰马突进,路中马蹶坠落,左颊微伤,良久而起。因前突贼阵,贼众多于天兵先锋数倍,而天兵之继进者未及到焉。天兵因为贼所逐,提督殿后而退,大军鳞次退来,还住坡州。①

就上述引文来看,李如松是为亲自探查京城日军的动向,带领亲兵家丁前往碧蹄,听到查大受等人中了日军埋伏,李如松"驰马突进",虽因寡不敌众败退,也是亲自殿后。文中凸显的是李如松身先士卒、危急时刻奋不顾身驰援部下的英勇形象。参照都体察使右议政俞泓的奏文②加以印证,笔者发现二人当时对碧蹄馆战役的描述是一致的,这意味着柳成龙当时的奏文可能更加可信。

但是,在数年后柳成龙所作的《惩毖录》中,关于碧蹄馆战役的描述就发生了微妙的变化,短短几句表述的差异却改变了相关人物的形象。

---

① (朝)《宣祖实录》宣祖二十六年二月十日第十条,第十八册第三十五卷,太白山史库本,第16页A面。

② (朝)《宣祖实录》宣祖二十六年二月六日第六条,第十八册第三十五卷,太白山史库本,第7页A面。都体察使右议政俞泓驰启曰:"本月二十七日,李提督领兵发行,闻查副总、高彦伯,同往体探,适逢贼六七百名,斩获四百余级。则贼众无数出来,副总兵到退碧蹄,贼徒追至云。提督即往碧蹄,抄率已到精兵,铺阵接战,而炮手及诸军在后,兵势不重,不能剿灭,反致手下二把总丧亡,日暮时退阵坡州。"

由此看来，因为作者的处境和写作目的发生变化，即便出于同一人之手，关于同一事件的描述也会有所变化。

《惩毖录》作于1601年，当时朝鲜朝廷内部就战争中官员的表现进行审视和评价，柳成龙1598年底已经因主和而被罢免。因此，写作时他主观上应该有洗脱罪名、突出自身功劳的意愿。

关于壬辰战争期间柳成龙对议和的态度，我们从1593年《宣祖实录》的相关记载中可以略见一斑。当时，宣祖斥责柳成龙，"近来有一种讲和之说，吁！是何理哉？岂忍出诸口而闻诸耳也？卿若惑于此说，则既误于前，复误于后，以何面目自立于天地间乎？"① 这说明柳成龙当初的确倾向于议和。但是，1598年底多名大臣一再上书弹劾柳成龙"首唱和议"时，宣祖屡屡拒绝，并为其辩解，说柳成龙倡导议和，"非无故而为此，盖为天将所迫胁耳"。② 宣祖对柳成龙的维护有私人感情、权力制衡等多种因素在内，此处暂且不论，但是他以明朝将领胁迫为由为柳成龙开脱，为其应该如何自辩指明了方向，并以国王之尊提供了支持。于是，在《惩毖录》中，我们看到的是柳成龙顶着李如松等明军将领的巨大压力反对议和，既否定了自己"首唱和议"的罪名，也证实了宣祖指出的理由，君臣之间颇有默契。

此外，《惩毖录》中还有意回避了致使李如松北撤、处罚朝鲜大臣乃至有战转和的一个重要因素——粮草问题。谈到李如松撤兵时，《惩毖录》中给出的理由是"此地经雨泥泞，不便驻军"。③ 俞泓的奏章中给出

---

① （朝）《宣祖实录》宣祖二十六年三月十六日第五条，第十九册第三十六卷，太白山史库本，第28页B面。

② （朝）《宣祖实录》宣祖三十一年十二月六日第一条，第六十七册第一百零七卷，太白山史库本，第7页B面。

③ （朝）柳成龙：《惩毖录》，高阳：历史的早晨出版社2012年版，第250页。

的理由却是"刍草不足，地势非便"① 两个原因。李如松在朝作战期间，粮草供应是困扰明军的重要问题。收复平壤后不久，李如松就向宣祖发文，直斥柳成龙等人怠慢军机，导致粮草供应不继。② 考虑到朝鲜筹措粮草不易，明朝在派军入朝前准备好粮草，并于开战之际运到了两国边境地区。但朝鲜国内运输能力薄弱，政治腐败，不能及时运输，这迫使明朝大军不得不驻屯在离粮草较近的平壤，不敢贸然南下，致使战争拖延日久。③ 纵观《惩毖录》中关于粮草的记录，作者大都在描写筹措、运输之难、自己为此付出的辛劳，等等，只字未提明军缺粮的严重程度及由此造成的严重后果。主要原因应该是当时负责为明军运输粮草的正是柳成龙，粮草供应不继，他责无旁贷。由此来看，作者对当时的情况进行选择性叙述，弱化导致李如松不得不北撤、议和的粮草问题等客观原因，自然使李如松形象转向负面。究其目的，可能是为彰显自己的功劳，掩盖己方的责任。

所以，《惩毖录》的写作目的并不仅仅是惩前毖后，客观公正地总结壬辰战争中的经验教训，也有彰显作者在战争期间的功劳、为自己辩护的意图。为此，作者对历史素材进行了有目的的选择，详写有利于突出自己为国为民高大形象的事件，略写或不写暴露自身问题的情况，无形中将责任转嫁给他人，导致其形象受损。这种写作目的和写作方式与《惩毖录》中李如松负面形象的形成密切相关。

---

① （朝）《宣祖实录》宣祖二十六年二月六日第六条，第十八册第三十五卷，太白山史库本，第7页A面。
② （朝）《宣祖实录》宣祖二十六年一月十三日第六条，第十七册第三十四卷，太白山史库本，第23页B面。
③ 陈尚胜：《壬辰御倭战争初期粮草问题初探》，《社会科学辑刊》2012年第4期，第174—182页。

## 四、结语

如前所述，在《惩毖录》的书写中，明朝援军提督李如松的形象有正面、有负面，经过了一个变化过程。这一转变与李如松自身傲慢自负的性格、明朝对日由战转和导致朝方从期望到失望有关，也与作者柳成龙有意掩盖责任、美化自身的写作目的与选择性叙述方式有关。这说明，异国形象形成机制十分复杂，需要从作者的处境及心理、事件细节原委、历史背景及与其他文本的多重对照中追根溯源，才可能正本清源，拼出其相对真实完整的面貌。

作为详尽记录壬辰战争的记录文学，《惩毖录》流传甚广，文中塑造的李如松形象通过种种变形，出现在数十篇民间传说和长篇小说《壬辰录》的多种异本之中，对朝鲜人特别是朝鲜民间对明朝的认识产生了巨大影响。由于时间久远，影响因素众多，某些形象与认识形成之前因后果已不易得，但并非不可得。

# 从 Esperanto 到世界语：
# 东亚的世界语运动

李冬梅\*

**摘 要** 20世纪初，在进化论的冲击下，当时中国知识分子曾视汉字为落后之物，主张用西方文明的语言之 Esperanto（世界语）替代汉字，使中国一步迈入"文明"的行列。此幻想被巴黎和会击碎后，东亚知识分子以世界语为纽带，不断交流，以寻求民族解放之道。抗战爆发后，世界语被用来传达抗战消息，成为反法西斯世界的公共语言，进而将反法西斯国家联合起来，此时，Esperanto 才真正成为"世界语"，履行了维护世界和平的职能。

**关键词** 世界语 文字改革 爱罗先珂 绿川英子

## 一、引言

1887年，波兰眼科医生柴门霍夫（Zemanhof）创制了 Esperanto，意为"希望"。柴门霍夫出生于多民族混居的波兰城市比亚韦斯托克（时属

---

\* 李冬梅，青岛滨海学院讲师。

俄国），城中不同语言的民族之间矛盾非常尖锐。柴门霍夫自幼就希望消除语言的分歧，实现各民族的和解，因此后来发明了旨在消除矛盾、冲突和战争的共用语 Esperanto。在东亚传播过程中，Esperanto 被译为万国新语、世界语以及"爱斯不难读""爱世不难读""爱世语"等。

1907 年，中国旅法留学生在巴黎创办的《新世纪》将 Esperanto 译为万国新语，并连续刊发了《万国新语》《记万国新语会》等文章向国内介绍这一人工语言。1906 年，日本刊行了四本关于 Esperanto 的书籍，①均将 Esperanto 译为汉字"世界语"。旅日的刘师培接受了日本的译法，称 Esperanto 为世界语。②即如钱玄同所指出："'世界语'这三个字，系日本所译。"③朝鲜的世界语译介则晚于中日两国，1916 年，日本留学生金亿才将世界语传播到朝鲜。

1914 年日本世界语协会出版了《世界语和译辞典》（エスペラント和譯辭典），此后，将 Esperanto 音译为エスペラント（世界语）的做法逐渐取代了"世界语"的译法；朝鲜效仿了日本的做法，在经历了"世界语"与에스페란토（世界语）并用的阶段后，采用了에스페란토的译法；而中国则最终采用了"世界语"的译法。对于曾经是文明古国，又沦为半殖民地的中国知识人来说，世界语的译法暗含了重返世界的诉求。在这一点上，世界语不仅是一门语言，更是一种理想的载体。

---

① 第一本是長谷川二葉亭『世界語（エスペラント）：教科用獨習用』彩雲閣、1906 年；第二本是長谷川二葉亭『世界語読本』彩雲閣、1906 年；第三本为日本エスペラント研究会編『世界语独習』育英舍、1906 年；第四本是日本エスペラント研究会編著『世界語辞彙』育英舍、1906 年。

② 刘师培：《论中土文字有益于世》，《国粹学报》1908 年第 46 期，第 3 页。

③ 钱玄同：《论 Esperanto》，《新青年》1918 年第 4 卷，第 4 期，第 363 页。

## 二、进化论下的文字改革

20世纪初，在内忧外患的危局中，严复的《天演论》在中国一经发表立刻被普遍接受，优胜劣汰的观念成为一种共识。因此，思索民族落后的原因、寻求促进民族进化之道便成为当时知识分子的首要任务。

在标榜优胜劣汰的进化论视野中，中国落后于西方，中国的文字也被视为应被淘汰之物。"机器愈良，支那文愈不能用。从进化淘汰之理，则劣器当废，此支那文字必须革命间接之原因。"①李石曾认为，便利性是判断文字优劣的标准，象形与表意之字因其复杂性，而较合声之字为劣，因此主张进行文字革命。而所谓的文字革命，是指废除汉字，代之以欧洲文字或世界语。②吴稚晖同样认为，中国现有文字之不适于用，迟早必废。③"今日西洋尤较文明之事理，即西洋人自取其本国文字为代表，尚再三斟酌而后定，通行甚久而后信。若强以中国文字相译，无人不以为绝难，故欲以中国文字，治世界较文明之事理，可以用绝对之断语否定之。"④20世纪初，在留学欧洲的知识分子眼中，文明之事理存蓄于西洋的文字中，落后的中国文字无法承载西方的文明。因此，以世界语取代汉字的主张风行一时。

---

① 真：《进化与革命表证之一——文字进化与文字革命》，《新世纪》1907年第20期，第20页。

② "（一）以合声之字代替象形、表意之字即为文字革命；（二）以西文（欧洲文字）代替支那文（汉字）为文字进化；（三）中国字以西母合成和和直用西文原字（汉语罗马化）为存留语言、革命文字（中国的合声字母虽较汉字进化但仍然缺点甚多）；（四）以西文或万国文代中文则为语言文字革命。"参见真：《进化与革命表证之一——文字进化与文字革命》，《新世纪》1907年第20期，第20页。

③ 燃：《编造中国新语凡例》，《新世纪》1908年第40期，第3页。

④ 燃：《新语问题之杂答》，《新世纪》1908年第44期，第2页。

随着《新世纪》的停刊，汉字废除论暂时搁置，但其后在新文化运动中又被重新提起。1916年，《青年杂志》刚改名为《新青年》时，一名叫M.T.CHENG的读者在通信栏中询问，人造语言世界语可否学习，从而引发了《新青年》对世界语的讨论。这次历经三年的世界语讨论，主要在赞同者钱玄同、陈独秀与反对者陶孟和之间进行。①陶孟和反对世界语的理由是，人造语言缺乏历史性，无法传承民族心理；②而钱玄同与陈独秀主张使用世界语的目的却在于促进中国融入"文明"，以实现"大同"。

钱玄同认为："欲使中国不亡，欲使中华民族为20世纪文明之民族，必以废孔学、灭道教为根本之解决，而废除记载孔门学说及道教妖言之汉文，尤为根本解决之根本解决。"③ 反孔是新文化运动的重要课题，在钱玄同看来，汉字与孔门学说已融为一体，反孔必废汉字，反孔的目的是使中国进化为"文明之民族"，而文明则在西方。"西洋人三百年来发表的科学真理，更非中国人所称梦见"④，"要想急直追，去学人家，意思原是很好；可是人家崭新的学问，断难用这种极旧的汉字去表他"⑤。民主与科学是新文化运动的两大旗帜，西方文明的象征之科学是五四知识人追求的目标，但钱玄同却认为汉字无法表达西方的科学知识，为了接受所谓的新学问，他主张用"精美完善"的世界语替代汉字。"况Esperanto是改良的欧洲文字。世界上既有这样一位大慈大悲的Zamenhof制造这种精美完善的文字，我们中国人诚能弃其野蛮不适用的

---

① 《新青年》关于世界语的讨论参见熊秋良：《试析〈新青年〉关于世界语的讨论》，《西南交通大学学报》2004年第6期，第123—126页。
② 陶履恭：《通信》，《新青年》1917年第3卷，第6期，第1—3页。
③ 钱玄同：《中国今后之文字问题》，《新青年》1918年第4卷，第4期，350页。
④ 钱玄同：《论Esperanto》，《新青年》1918年第5卷，第2期，第183页。
⑤ 钱玄同：《论Esperanto》，《新青年》1918年第5卷，第2期，第183页。

旧文字而用之。"①

这里需要注意的是，钱玄同之所以主张使用世界语，是因为"Esperanto是改良的欧洲文字"。世界语是在欧洲文字的基础上编制而成，"对每一个受过中等教育的人们，特别是欧洲文明的人们，都容易学习"。②即，世界语本身就与欧洲文明有着密不可分的关系，是欧洲文明的象征。对钱玄同来说，世界语由欧洲文字脱化而来，是一种"文明"的标志。"如其现在还没有人制造世界语，我必主张改用德、法、英诸国的文字。"③ 在其看来，若保留汉字等国粹，"中国总有一天被逐出文明人之外"。如果没有世界语，则使用欧洲语言，以进入文明之内。换言之，对于吴稚晖、钱玄同等早期世界语者来说，世界语其实是欧洲文明的象征。在优胜劣汰的进化论面前，他们试图通过文字改革，促进中国的进化，从而使中国步入"文明"的行列。

其理论根据在于世界语所主张的世界大同。"科学与人类利益既无国界可言，则人人皆知学问应为公有，人类必当互助；公心既如此发达，则狭隘之民族心理及国民性，自必渐归消灭，此一定之理也。"④ 钱玄同认为民族是狭隘观点的产物，人类必将打破国界，实现大同。而其主张并没有超出早期世界语者的主张，"欲求万国弭兵，必先使万国新语通行各国，盖万国新语实求世界平和之先导也，亦即大同主义之张本也"。⑤ 吴稚晖等无政府主义者早在20世纪初就提倡"大同"思想，而一战更使克鲁泡特金的《互助论》被普遍接受，跨越民族与国家的互助思想在东亚成为一股强大的潮流。而对早期急于跻身"文明"之列的世界语者来

---

① 钱玄同：《论Esperanto》，《新青年》1918年第5卷，第2期，第184页。
② [瑞士] E. 普里瓦：《世界语史》（张闳凡译），北京：知识出版社1983年版，第123页。
③ 钱玄同：《中国文字与Esperanto》，《新青年》1918年第5卷，第5期，第542页。
④ 钱玄同：《Esperanto》，《新青年》1918年第4卷，第2期，第174页。
⑤ 醒：《万国新语》，《新世纪》1907年第6号，第3页。

说，世界大同是中国摆脱落后、迈入文明的捷径。世界语则提供了进入大同世界的通路——世界语不仅仅是欧洲文字的改良，还是一种"大同世界"的语言。在世界语中，"国籍完全不同的人，不象外人，也不是竞争者，而是兄弟般地肩并肩站在一起……为了建立大同世界顽强地前进，永不停歇"。① 世界语的大同主张让中国知识人产生了通过使用世界语而实现与西方文明"大同"的幻想。

陈独秀同样认为，世界将归于大同，而语言的统一则是初步。即通过语言的统一，实现世界的大同。今之 Esperanto，或即不足当"世界语"之价值；而世界之将来。倘无永远保守国别之必要，则有"世界语"发生即进行之必要；以语言相通，为初民社会之一大进化；其后各民族间去小异而归大同也。② 换言之，在《互助论》的影响下，无国界、无民族的大同世界的形成成为一种共识，而在"文明"的欧洲与落后的亚洲之间，恰好有世界语这座桥梁。在"大同"的名义下，落后的亚洲可以名正言顺地通过世界语这座桥梁，一步"进化"到欧洲文明。

1919年3月，《新青年》对世界语的争论戛然而止——巴黎和会打破了世界语者对欧洲的幻想，大同变得遥不可及。"抵抗必须强力，只这一点已经使你们克鲁泡特金的无政府主义露出很大的破绽……请看朝鲜已经抵抗了日本几次，若不由抵抗到压服日本的程度，日本如何肯让他独立？"③ 曾经崇尚欧洲、憧憬大同的陈独秀等知识分子在五四运动后，开始主张抵抗侵略。而曾经象征欧洲文明、主张世界大同的世界语则转化为弱小民族抵抗侵略的语言。

---

① ［波兰］柴门霍夫：《柴门霍夫讲演集》（祝明义译），北京：中国世界语出版社1982年版，第11—22页。
② 陈独秀：《论 Esperanto》，《新青年》1918年第5卷，第2期，第184页。
③ 陈独秀：《讨论无政府主义》，《新青年》1921年第9卷，第4期，第28—29页。

## 三、弱小民族的语言

1914年,世界语者、俄国盲诗人爱罗先珂抵达日本,受到了中村精男博士、小坂狷二等日本世界语者的欢迎。① 1915年,爱罗先珂结识秋田雨雀(1883—1962),经秋田雨雀介绍,爱罗先珂又认识了相马黑光,从而进入了中村屋沙龙,成为日本近代文学沙龙的座上客。

爱罗先珂的到来给日本的世界语注入了活力,秋田雨雀随之也成为世界语者。"在我对人生极端绝望的时候,遇到了盲人青年爱罗先珂。为了世界语,他正开始努力工作,我也开始向他学习世界语。我用三个月的时间,熟悉了这门语言,正因为学会了这个语言,我看待世界的眼光发生了很大的变化。"② 秋田雨雀的反战思想与主张世界和平的世界语主义有着密切的联系,而另一方面,世界语又将中日韩三国知识人紧密联系起来。中国左翼世界语者联盟成员娄适夷与叶籁士曾在东京学习世界语,授课教师即为秋田雨雀,③ 秋田所用教材、其世界语作品《骷髅的跳舞》又被巴金翻译成中文。④

1939年,朝鲜诗人吴相淳给秋田雨雀的一封信里提及曾因秋田雨雀在日本结下了美好的缘分,同时,吴相淳还向相马黑光等中村屋沙龙的

---

① 高杉一郎『夜あけ前の歌』岩波書店、1982年、78—81頁。
② 秋田雨雀『雨雀自伝』新評論社、1953年、50頁。
③ 参见叶籁士:《回忆语联——三十年代的世界语和新文字运动》,《新文学史料》1982年第2期,第190页。
④ 东亚各国文学作品的世界语翻译也是这一时期的特色,金亿将玄镇健的『피아노』、田榮澤的『사진』、金東仁的『감자』翻译成世界语发表于日本的世界语机关杂志。朝鲜作家张赫宙的日语作品『被驅逐的人們』由高木宏译成世界语,而叶君健又将世界语本翻译成中文发表在《申报月刊》上。而朝鲜人安偶生与中国世界语者共同翻译、出版了世界语译文集《鲁迅小说选》。另外,巴金从世界语翻译了秋田雨雀的『骷髏的跳舞』。

人士表达了问候。① "二十几年后,在京城,能够见到再现春香的您,实现了我多年的愿望。……我万分怀念以您为中心所结成的美好缘分,每次想起那时的面貌都非常开心和幸福,说句玩笑,您是日本人吗?您不只是日本人,这是我的信念。"② 吴相淳于1911—1918年在日本同志社大学留学,由信的内容来看,吴相淳在留学期间结识了秋田雨雀等人,并在中村屋沙龙活动。而此时,吴相淳结识了逗留在中村屋的爱罗先珂,并开始学习世界语。③ 值得注意的是,吴相淳在信中称秋田雨雀不只是日本人。秋田在其世界语作品《骷髅的跳舞》中揭露了日本人在东京大震灾中对朝鲜人的虐杀,体现出超越民族的博爱精神,而其所在的中村屋沙龙更成为许多亡命到日本的海外社会运动人士的避难所。换言之,在世界语的影响下,日本的中村屋沙龙成为包括爱罗先珂、吴相淳等各国知识人相互交流的超民族团体。

1921年,爱罗先珂遭到日本政府的驱逐,来到中国,后在蔡元培的帮助下,受聘于北京大学,教授世界语,并居住在鲁迅与周作人家中。对中国知识分子来说,爱罗先珂本身就是世界语的象征。随着爱罗先珂的到来,中国世界语运动积极展开。爱罗先珂于1922年2月到达北京,同年4月便成立了北京世界语学会(周作人任会长),同时设立世界语讲习班。

值得注意的是,在拍摄于1922年5月的北京世界语学会照片上,吴

---

① 据《雨雀自传》的记载,1938年秋田雨雀因《春香传》的演出曾访问朝鲜,并与朝鲜文人进行了交流。吴相淳所指的相见大概是这次会面。"这年十一月,我和新协剧团的《春香传》一行赴朝鲜旅行。(…) 见到了曾留学日本的玄哲、洪海星以及活跃在第一线的很多诗人与小说家。"载『雨雀自伝』新評論社、1953年、230—231頁。

② 『近代朝鮮文學日本語作品集 1939—1945 評論・随筆』綠陰書房、2002年、497頁。

③ 参见 홍석표 「예로센코, 루쉰, 주작인의세계주의적경향과 동아시아지식인의사상적공명」『중국어문학지』 제53집、2015。

相淳与周作人以及爱罗先珂同坐一排。这在周作人日记中也能得到印证，"1922年4月14日，下午朝鲜吴空超君来访，伏围来。""1922年5月8日，下午至日邮局为爱罗君发电报，傍晚吴空超君偕其友李君来访。"①空超为吴相淳的号，周作人笔下的吴空超即为吴相淳。换言之，吴相淳与爱罗先珂在日本的中村屋沙龙相识后，又各自来到中国，重聚于鲁迅与周作人之家——八道湾十一号。即以爱罗先珂为代表的东亚世界语运动中心由中村屋转移到了八道湾。

与吴相淳同去拜访周作人的李君是韩国独立运动家李又观（1864—1945）。"1922年7月17日 寄天津李又观君函。"②"1923年3月18日，晴，星期休息。午后寄胡适之信。下午李又观来。"③ 继北京世界语学会后，在蔡元培与鲁迅、周作人等人的后援下，冯三省与陈空三等人于1923年成立了北京世界语专门学校，而李又观也参与了此校的建设。④由鲁迅与周作人的日记来看，李又观在1922—1923年间与周氏兄弟来往密切，周氏兄弟同为北京世界语专门学校的理事，鲁迅还在这所学校里讲授了《中国小说史略》。"1924年四月二十三日，晴，午后往世界语校

---

① 周作人：《周作人日记》中，郑州：大象出版社1996年版，第235—248页。这一时期经常出入八道湾的还有柳林（高自成），据《周作人日记》记载，"7月24日，朝鲜柳君，辻武雄君来访"，"7月25日，下午六时返，柳君来"。此处的柳君指柳林，柳林于1922—1926年间在成都高等师范学校（现四川大学）学习英语时，曾开设世界语学习班，从而成为巴金的世界语启蒙老师。"我自己当时没有学过世界语，不久有人拿着那本杂志来找我，他学过世界语，要同我商量怎样推广世界语，他在高等师范念书，姓高，说是朝鲜人，我便请他教我世界语。"巴金：《关于火的回忆》，《艺丛》1980年第2期，第7页。
② 周作人：《周作人日记》，郑州：大象出版社1996年版，第246页。
③ 鲁迅：《日记十二》，《鲁迅全集》（编年版）第2卷，北京：人民文学出版社2014年版，第613页。
④ "又观于1922年插班到北京大学经济系二年级学习，于1923年与同学陈空三等一起成立北京世界语专门学校并在该校附属中学任教，认识了参与成立此学校的俄罗斯盲诗人爱罗先珂先生。"原文载日文版『又觀文存·年譜』國民文化研究所出版部、2014年、4頁。

听小坂狷二君演说。"① 受周氏兄弟邀请，日本世界语之父小坂狷二也曾到北京世界语专门学校讲课，积极支持中国的世界语运动。以世界语为中心，中日韩三国知识分子进行了广泛的交流。

> 窃查无政府党人月前曾在西城兵马司南搭连胡同设立世界语学会乙所，已有学生六十余人，均为专门学校学生投入补习者，……至李丁奎略谓，高丽全国民俱存恢复国土主权之心，故不惜牺牲以谋解放，最望中日韩之青年大同盟携手进行，又述韩地经过之历史毕。②

李丁奎即为李又观，据北洋政府步兵军统衙门档案（1922年）的记载，李又观与中日知识分子共同进行世界语运动。而对于朝鲜人李又观来说，世界语不仅仅是交流，更是"解放"的手段，他在中国积极参加世界语运动的目的在于"恢复国土主权"，而恢复主权的办法则是"中日韩之青年大同盟携手进行"。换言之，以周氏兄弟为中心进行的世界语运动在促进了东亚知识人的交流的同时，还成了促进弱小民族解放的工具。

世界语的创始人柴门霍夫明确地以"人类一员主义"作为世界语的内在理想，尽管这一原初理想以中立的面目出现，但其中已包含了对民族和语言强权的对抗和对弱小民族的同情因子。③而在东亚，此时的世界语体现更多的是"互助"与解放。中村屋与八道湾是东亚各国互助的具

---

① 鲁迅：《日记十三》，《鲁迅全集》（编年版）第2卷，北京：人民文学出版社2014年版，第841页。
② 《载德关于北京无政府党人组织世界语学会及活动情形致聂宪藩呈》，《无政府主义思想资料选》（下），北京：北京大学出版社1984年版，第1057—1058页。
③ 宋炳辉：《论世界语理想与弱小民族文学的中译》，《中国比较文学》2004年第1期，第123页。

体体现。中村屋曾经帮助过很多印度流亡者与朝鲜独立运动家。而爱罗先珂在被日本警察驱逐之时,又得到了朝鲜人的帮助。①到了八道湾,爱罗先珂与吴相淳、李又观等人又积极参加中国的世界语运动。即,以中村屋与八道湾为中心,东亚知识分子围绕着世界语组成联合,实现了东亚的"互助"。

而此时,东亚互助的目的并非世界语运动最初的目的之"世界大同",而在于"恢复国土"。对于被侵略的中国和韩国来说,东亚的互助是摆脱侵略、争取民族独立的手段。即在东亚的特殊语境中,主张消除民族隔阂的世界语转变为弱小民族的语言,成为东亚各国追求民族解放的纽带。换言之,在20世纪20年代的东亚,曾经主张各民族大同的世界语反倒成为增强民族意识的工具。

## 四、抗战之声:世界的语言

中日之间爆发战争之前,中国世界语者遵循柴门霍夫的主张认为,世界各民族的冲突与战争源于语言的不通,因而力主用世界语消除民族矛盾。"民族思想感情隔阂的原因,虽有很多,而最大的原因在于语言。因为语言不通,所以各民族不能相互了解,因不能了解而引起猜疑忌嫉,这是民族冲突的主因。"②中国著名世界语者胡愈之在1922年发表的文章里主张,语言不通是民族冲突的主要原因。而到了1940年,胡愈之推翻了自己之前的主张。"站在今天的立场看,人间的隔膜与战争,不是靠语言的统一就可以消除的,现代战争'语言不同'的关系实在很小。中日

---

① 参见李冬梅:「동아시아의 예로센코현상」『한국학연구』제45집、2017.
② 愈之:《世界语的理想与现实》,《东方杂志》1922年第19卷,第15号,第78页。

战争是一个很好的例子。"①中日战争的爆发使中国世界语者猛醒，世界语并不能消除民族之间的冲突，亦无法构建所谓的"大同世界"。

但这并不意味着世界语运动的失败，无论是构建大同世界还是消灭战争，世界语的最终目的都是世界和平。"您创造了完美的人类，但它却分裂、作对；民族间残酷地相互攻击，兄弟间是豺狼般的仇敌。请听完美心声的铿锵；人类的孩童，祈求您将和平还送。"②柴门霍夫创制世界语的初衷也是为了世界的和平。世界语虽无法消除民族纷争，但在战争爆发之时，却成为反对战争、呼吁世界和平的载体。

中日战争的爆发虽使世界语者"消除战争"的梦想幻灭，但却使Esperanto真正成为世界语——在反法西斯战争中，Esperanto充当了宣传抗战与呼吁和平、促进国际联合的世界性角色，真正起到"世界性"的作用。"九一八事变"后，上海世界语协会举行会议，通过了新的口号："为中国的解放而用世界语"，这一口号成为抗战期间中国世界语运动的指导方针。"我们认为，中国世界语者当致力于中国民族的解放运动，实为天经地义。而为反帝国主义战争而世界语，为谋中国之自由平等而世界语，实为中国世界语运动的当前的急务。"③在经历了崇尚欧洲文明、东亚互助的阶段后，中国的世界语者成为抗战先锋，积极呼吁民族解放。

在中国世界语抗战中，日本世界语者绿川英子占据重要而独特的地位。1937年，绿川英子来到上海，参与编辑中国世界语杂志《中国怒吼了》，后又负责对日广播，宣传抗战。"这只可憎的手同样就是那只手/也

---

① 胡愈之：《世界语史及其运动》，《中学生战时半月刊》1940年第29期，第22页。
② ［波兰］柴门霍夫：《柴门霍夫讲演集》（祝明义译），北京：中国世界语出版社1982年版，第21页。
③ 《世界》1933年10月号，转引自侯志平主编：《世界语在中国一百年》，北京：中国世界语出版社1999年版，第93页。

残忍地夺去了他们双颊上的红润/不论是在这儿中国/还是在我的祖国日本。"① 她的世界语作品《失去了的两个苹果》控诉了日本发动的战争对中日人民的伤害，传达出对战争的憎恶。绿川英子的抗战呼声不仅得到了中国人的积极呼应，还得到了朝鲜人的支持，朝鲜人安偶生发表了《和平鸽》，赞扬绿川英子为世界和平付出的努力。此外，通过世界语，朝鲜人也发出了抗日的呼声。"我们要向日本帝国主义斗争，直到最后的胜利！"②署名为朝鲜工人 M 的来信描述了在日外国工人的悲惨境地，同时传达出抗日的决心。朝鲜作为日本的殖民地，抗日言论被禁止，而通过世界语，中国与朝鲜却可以相互联合，共同抵抗侵略。

在促进东亚民族解放之外，世界语更大的作用在于国际联合抗战。"使世界语者知道更多的关于中国抗战，使他们知道更多的关于日本帝国主义的野蛮，使他们从单纯同情到实际援助，这是中国世界语者的当前任务。"③

世界语作为国际辅助语，在国际宣传上，与其他语言相比，拥有无可比拟的优势。因此，向世界报道中国的抗战情况、呼吁国际援助便成为中国世界语者的首要任务。中日战争爆发后，《东方呼声》《中国怒吼了》《中国报导》等世界语刊物积极撰文报道日本侵略中国的事实，同时呼呼国际社会的支持与援助。世界语本为追求世界和平的语言，中国抗战的消息一经世界语报道，立刻得到了国际社会的呼应。

  亲爱的同志们！两三日前我们读到了广州被狂炸的消息，

---

  ① ［日］绿川英子：《失去了的两个苹果——病床杂记》（风胡译），《七月》1939 年 7 月第 4 集，第 1 期，第 39 页。
  ② 刘增杰选释：《抗战诗歌》，开封：河南大学出版社 2005 年版，第 117 页。
  ③ 陈原：《抗战一年来国际世界语者对我同情的呼声》，《救亡呼声》1938 年第 4 期，第 15 页。

B. L. E. A. 委托我向你们，向你们中国读者，和中国人民致最大的同情。我们——英国工人世界语者愿意不但继续到各团体邮寄同情的信件给你，并且要扩大这一件工作，使所有大小组织都明白中国斗争的意义而去援助你们。……我们十分相信你们最后一定胜利的。消灭法西斯！赶走日本帝国主义！我们英国人经常和你们站在一边。①

不仅英国，其他反法西斯国家都纷纷对中国的抗战予以支持。"不管澳洲政府的保持中立，澳洲人民的绝大多数，是站在英勇的中国士兵一边的。"②澳大利亚人民也通过世界语通信表达对中国抗战的支持与声援。在中国世界语者的努力下，中国的抗战情况不断介绍到世界各国，得到了工人世界语者国际（IPE）的关注。工人世界语者国际表示，"发动与西班牙和中国的反法西斯斗争的民众联系，向中国和西班牙的战士致贺与鼓励，经常利用由世界语得来的资料作反法西斯的宣传鼓励。"③除了关注与支持外，中国世界语者的国际宣传还得到了切实的国际援助，瑞士世界语者在响应中国号召抵制日货之外，还对中国进行了经济援助。"我能够确实的告诉你，在瑞士只有少数人没有参加抵制日货，……大家募集了一笔资金，我盼望着这些资金能够援助多少中国被难的人民。"④ 此外，中国的世界语抗战消息又被翻译成其他国家的语言，得到了更广泛的宣传与支持。"我接到你们英勇的《东方呼声》，我立即就把那篇《日本军们怎样在中国传播文化?》译为本国的文字，寄给《新西班牙》杂

---

① 陈原：《抗战一年来国际世界语者对我同情的呼声》，《救亡呼声》1938年第4期，第17页。
② 陈原：《抗战一年来国际世界语者对我同情的呼声》，《救亡呼声》1938年第4期，第17页。
③ 陈原：《抗战一年来国际世界语者对我同情的呼声》，《救亡呼声》1938年第4期，第16页。
④ 渥丹：《国际世界语者与中国抗战》，《世界知识》1939年第3期，第90页。

志。"① 经过世界语的宣传与翻译，中国的抗战得到了世界广泛的响应与支持。

而在中国，世界语更重要的作用是改变了中国的国际地位。20世纪初到五四运动期间，英国是中国知识分子憧憬的"欧洲文明"，是世界语者的进化目标；而在中国世界语者转向抗战后，英国则成了与中国"站在一边"的国家，与中国并肩作战。即中国获得了与西方国家平等的地位。20世纪初，在"优胜劣汰"的进化论原理影响下，中国知识分子在被淘汰的恐惧中，试图丢弃本国语言，借标榜"大同"的世界语融入进化了的西方世界，但"巴黎和会"却再次将中国推向被侵略的深渊。二战打破了进化论的格局，将世界分为法西斯与反法西斯两大阵营，而中国世界语者在抗战中表现出的强烈的民族精神得到了世界普遍的承认与支持，并由此融入了世界，真正成为世界的一员。即，曾经为追求进化而主张放弃民族的中国知识分子的梦想却在追求解放的强烈民族精神中得以实现。

而世界语所具有的通用性也在世界大战中体现出其优势。世界语作为国际通用语，在传递国际消息、促进世界交流上有着无可比拟的优越性。"在国际宣传上，世界语（Esperanto）有其特殊优点，因为世界语是一种国际的辅助语，不属于任何一个国家，却可以通达地球上的每一个国家。同时，世界语者有组织，有共同的理想，这个为人类正义和平而战斗的理想，把大家连结在一起。"② 作为"和平的语言"Esperanto无须翻译、更直接地传递各国的抗战消息。即在二战中，世界语充当了纽带的作用，将反法西斯国家联合起来，作为反法西斯世界的公共语言，真正成了"世界语"。

---

① 渥丹：《国际世界语者与中国抗战》，《世界知识》1939年第3期，第91页。
② 渥丹：《国际世界语者与中国抗战》，《世界知识》1939年第3期，第89页。

## 五、结语

  Esperanto 虽被译为世界语，但其真正成为世界的语言则经历了漫长的过程。在东亚，世界语随着无政府主义思想一同传入，被赋予世界大同的含义。而世界语的大同主张又让中国知识分子产生了通过放弃汉语、使用世界语，使中华文明一蹴而就地进化到西方文明的幻想。随着这一幻想破灭于巴黎和会，东亚的世界语转化为弱小民族争取民族独立的语言，成为东亚联合的纽带。而中日战争的爆发则将这种联合扩大到世界，中国抗战的消息通过世界语的传递，得到了反世界法西斯力量的支持，世界语从而成为反法西斯世界的公共语言。即，在传递各国抗战消息的同时，Esperanto 才真正成为世界语，履行了其维护世界和平的作用。